Fugitiva amish:
EL GRAN ESCAPE

Fugitiva amish:

EL GRAN ESCAPE

por
Emma Gingerich

No se podrá reproducir ninguna parte de esta publicación, ni se podrá almacenar en un sistema de recuperación, ni transmitirse en ninguna forma ni por cualquier medio, ya sea electrónico, mecánico, por fotocopia, grabación u otro, sin el permiso escrito de la editorial.

Derecho de autor del texto © 2015 Emma Gingerich

Todos los derechos reservados.

Publicado en 2015 por
Progressive Rising Phoenix Press, LLC
www.progressiverisingphoenix.com

ISB-13: 978-1-944277-28-4

Impreso en Estados Unidos

Traducido por Nelda Bedford de Gaydou

Tapa y fotografías de la autora por Zach Weber Photgraphy

Diseño original del libro de eBook76.com

Diseño de libro y tapa de William Speir
Visite: http://www.williamspeir.com

Reconocimientos

Quisiera agradecer en primer lugar a Mitch Haynes, el cerebro detrás de la conferencia de escritores Lexicon Writers. Me alentó a perseguir mis sueños de publicación y a no darme por vencida. Valoro y agradezco a David Hughes por sus servicios de corrección; hizo un trabajo estupendo. Quisiera agradecer a las autoras Amanda Thrasher y Jannifer Powelson, propietarias de Progressive Rising Phoenix Press, por su arduo trabajo para que el libro llegara hasta la imprenta. Ha sido una verdadera bendición trabajar con ellas. Y gracias, Zach Weber y su empresa fotográfica, por trabajar conmigo con las fotografías para la tapa. ¡El sí que conoce de arte!

A nivel más personal, quisiera agradecer a Bill y Laura Jo Turnipseed, y a Scott y Tara Williams por su constante apoyo y por hacerme miles de preguntas. ¡Contestarlas me inspiró a escribir un libro para no tener que hacerlo más!

Dedicación

Para mi papá, mi mamá, mis hermanos y mis hermanas:

Si algún día leen este libro, espero que finalmente puedan entender por qué me fui de casa. A veces hay que seguir el corazón y permitir que Dios controle la vida aunque no tenga sentido. Confiar en sí mismo y vivir la vida que le corresponde. Aunque estamos en dos mundos diferentes, mis pensamientos y mi amor están con ustedes todos los días.

El libro gira en torno de la comunidad amish swartzentruber.

Capítulo 1:
Pide perdón, no permiso

Soy deliberada y no le tengo miedo a nada.
~Audre Lorde~

Reglas, reglas, ¡reglas! No puedes tener teléfono en tu casa. No puedes tener electricidad. Tu vestido debe medir tanto. No puedes irte de vacaciones. Las ventanas de tu casa no deben ser muy grandes. La lista es interminable. Yo pensaba en esas reglas al manejar por la carretera 499 en mi camioneta Dodge color granate modelo 2001, con el aire acondicionado y la radio a todo trapo. Me dirigía a la escuela técnica Texas State Technical College en Harlingen donde, a los 19 años, acababa de emprender la travesía de educarme. No tenía idea de lo que estaba haciendo, pero el hecho de escapar por fin a tantas reglas sin sentido me había llenado de un alivio tan profundo que nadie lo podría entender del todo —a menos, por supuesto, que se hubiera criado amish.

Mientras los neumáticos zumbaban y la camioneta se dirigía hacia al sur, yo pensaba en

Fugitiva amish: el gran escape

la carta que acababa de recibir de Sarah y Amanda, mis hermanas menores que todavía vivían en casa. De los catorce hermanos, yo era la primera de las mujeres y tenía un hermano varón mayor —Jacob. Sonreí al recordar a mis dos compañeras favoritas. Leer su carta despertó recuerdos de las locuras que solíamos hacer juntas. Bueno, hasta donde tres chicas amish podían cometer locuras. Solo había un año entre Sarah y Amanda y a veces la gente creía que eran mellizas por ser del mismo tamaño aunque de aspecto diferente. Sarah tenía catorce años, cabello rubio y ojos azules; era igual a Mem, salvo que Mem tenía cabello oscuro. Amanda tenía trece y era muy parecida a mí, hasta en el comportamiento. Tenía cabello castaño oscuro y ojos verdes, y se tomaba la vida más en serio, como Datt. Podían prestarse la ropa y muchas veces hacían cosas juntas como mejores amigas. De hecho, su amistad era tal que no me sorprendería que terminaran casándose el mismo día. Después de todo, los amish a veces celebran bodas dobles.

  Por similares que fueran en edad y apariencia las dos muchachas, sus personalidades eran muy diferentes. Sarah rebosaba de buen humor y chistes, como si no tuviera preocupación alguna. Yo siempre podía leerle los pensamientos y sabía cuándo se traía algo entre manos. Tenía una mirada pícara y hablaba demasiado. Mientras Sarah era traviesa y despreocupada, Amanda era más seria y podía enojarse fácilmente cuando alguien la irritaba. Sin embargo, cuando estaba de buen humor podía iluminar el ambiente con sus ocurrencias. Las extrañaba mucho pero, desafortunadamente, me había convertido en la marginada de la familia, una paloma a la que no pudieron cortarle las alas. Ahora sabía que probablemente nunca recuperaría la relación que había tenido con ellas antes de abandonar el nido. La sola idea me sofocaba.

Mientras las ruedas del Dodge zumbaban hacia mi futuro, yo seguía por el camino del recuerdo: podía ver sus caritas pícaras y risueñas como si tan solo hubiera sido ayer que habíamos hecho el ridículo. Porque mi vida amish había estado tan cercada de reglas, casi cualquier cosa me recodaba el pasado: el olor punzante de una granja de engorde me traía recuerdos del establo de las vacas y las ovejas de mi datt que terminó en la nada. El murmullo del viento entre las hojas me recordaba las noches que pasé sentada en la cama, apoyada contra la pared, preguntándome por qué mi vida se había vuelto tan frustrante. Rumbo a la facultad, la camioneta me hizo pensar en cuando tenía casi diecisiete años y Sarah, Amanda y yo estuvimos a punto de convertirnos en delincuentes. En un abrir y cerrar de ojos, surgió del inconsciente el

Fugitiva amish: el gran escape

recuerdo de la inesperada noche en que volvimos a casa descalzas cuando se descompuso la camioneta que habíamos robado. En ese momento no pensé en la moralidad de lo que habíamos planeado. Solo ansiaba probar un poco de libertad y emoción.

Al acercarse ese sábado por la noche, mi primo Eli y yo casi habíamos perfeccionado el complot para robarnos la vieja camioneta. Eli tenía mi misma edad y también era vecino. Su mem era hermana de mi datt.

Tramamos nuestro plan una noche mientras yo hacía de niñera en la casa de Eli. Sus padres habían salido de viaje para visitar a parientes y amigos; no podíamos desperdiciar la oportunidad. Los Byler no se ausentaban frecuentemente, de modo que era el momento justo para una travesura. Ya que era sábado por la noche, Sarah y Amanda decidieron pasar la noche conmigo para ayudarme a cuidar a los hermanos menores de Eli, tres varones y una beba. Mis hermanas no tenían idea de lo que pensábamos hacer y yo no veía la hora de contárselo. Como teníamos que esperar hasta que todos los vecinos se acostaran antes de poner el plan en marcha, aproveché la oportunidad para poner al tanto a mis hermanas.

—Escuchen —les susurré a Sarah y Amanda, asegurándome que ninguno de los pequeños nos oyera—, ¿a que no saben lo que vamos a hacer esta noche?

—Quién sabe lo que estarán tramando —dijeron al unísono.

—¿Qué vamos a hacer? —preguntó Amanda.

Sus rostros brillaban con entusiasmo mientras les contaba de la vieja camioneta que había visto en la cima de la colina al volver del pueblo más temprano ese mismo día. En cuanto la vi, supe que si las llaves estaban puestas, iríamos de paseo. Antes de que Sarah y Amanda llegaran, ya le había contado a Eli mi intención de subir la colina sigilosamente y «tomar prestada» la camioneta para dar una vuelta. Al principio se rio, pero pronto se dio cuenta de que la cosa era en serio.

—No sabes manejar —interpuso Sara y sus ojos azules se pusieron redondos y enormes del miedo.

—Lo sé, pero no creo que sea tan difícil —simulé confianza—. Primero iré por el campo arado, para practicar.

—Me parece que uno de los varones debería acompañarnos —agregó Amanda.

—Está bien. Le pediré a uno de ellos que vaya, por las dudas.

Esperamos hasta que los hermanos de Eli se acostaran y se durmieran; no podíamos

Fugitiva amish: el gran escape

arriesgar que uno de ellos nos delatara. Por fin se durmieron alrededor de las diez.

Dos chicos más del vecindario, Levi y Noah, también llegaron para pasar la noche. Los muchachos sacaron un cuadriciclo del garaje de un vecino sin permiso. Este solo ocupaba la casa durante la temporada de caza de ciervos y pensaron que nunca lo sabría nadie. Los chicos subieron por el camino hasta el lugar donde el viejo granjero había dejado su camioneta mientras esperábamos junto al camino cerca de un puente. No pasaba agua bajo el puente —se había secado durante el verano— pero muy cerca estallaban aullidos en el bosque oscuro. Amanda se estremeció y miró a su alrededor. Sarah se mantenía tranquila, con una sonrisa burlona en los labios. Yo estaba demasiado emocionada para sentir nervios o miedo. Me parecía que nada podía salir mal cuando estaba con mis hermanas.

Habremos estado a medio kilómetro de la casa de Eli. No parecía tan lejos, pero si uno de los niños se despertaba sería imposible oír su llanto.

Por suerte las llaves estaban en la camioneta, como si estuviera esperando que la lleváramos a pasear. Los muchachos me prometieron que la podría manejar cuando la hicieran arrancar. Eli y Noah aceleraron el cuadriciclo más adelante en el camino de tierra para jugar en el barro.

Emma Gingerich

Levi se subió a la camioneta y la manejó hasta donde estábamos esperando mis hermanas y yo junto al puente. Los faros brillaban intensamente mientras la camioneta traqueteaba por la colina. En cuanto se detuvo, me metí primera, seguida de mis hermanas. Los cuatro nos apretujamos en el asiento delantero, imaginando una gran velada de diversión y emociones inolvidables. Esto sí que era diferente a la vida confinada que llevábamos en casa semana tras semana.

Levi se dirigió al norte, hacia la granja de mis padres, y los nervios comenzaron a invadirnos al acercarnos. *¿Y si esta horrible camioneta decrépita se detiene justo en frente de la casa?* —pensé para mis adentros. El motor hizo un fuerte ruido chisporroteante que me lastimó los tímpanos. Estaba segura de que Datt lo podía oír desde su habitación. Lo imaginaba mirando por la ventana y viendo a cuatro adolescentes amish culpables sentados en una vieja camioneta de campo robada, y estaba segura de que se saldría de sus casillas y no nos perdonaría nunca por semejante travesura. Ni siquiera podía empezar a imaginarme cuál sería nuestro castigo. En algunas comunidades amish, *rumspringa*, que literalmente significa «corretear», era un período en el cual los adolescentes podían hacer lo que se les antojara. Podían ir a clubes, bailar, beber y ponerse ropa

Fugitiva amish: el gran escape

moderna para una salida loca en la ciudad. Algunos hasta se compraban un auto para usar los fines de semana, pero lo ocultaban. Se suponía que los padres debían hacer la vista gorda y esperar que sus hijos decidieran renunciar a los deseos mundanos e ingresaran a la iglesia llegado el momento. Desafortunadamente, mi comunidad no practicaba *rumspringa*, de modo que estaríamos en serias dificultades si mis padres se enteraban de lo que estábamos haciendo.

Si nos pescaban con la camioneta, se enteraría toda la comunidad. Me estremecí con solo pensar en cómo me mirarían mis amigas y lo que se dirían en voz baja a mis espaldas la próxima vez que fuera a la iglesia. Por otra parte, me estaba acostumbrando a que las chicas hablaran de mí. *¿Por qué debiera importarme lo que piensan?* —me pregunté. Todas mis amigas parecían portarse tan bien que era incómodo y aburrido estar con ellas. No me adaptaba por más que lo intentara. Solía decirme a mí misma: —Mañana empezaré a portarme como toda una señorita, como corresponde. —Sin embargo, mañana no llegaba nunca; seguía haciendo lo que mejor me salía, es decir, resistir las reglas.

Levi apretó el acelerador y el ímpetu me sacudió todo pensamiento de ser descubiertos. Cuando nos acercamos a la granja de nuestros padres, mis hermanas y yo contuvimos la respiración. ¡Fiuuu! Pasamos volando sin problema. Ahora podíamos relajarnos y empezar a divertirnos. La radio estaba a todo volumen... Mis hermanas se reían... Nada de cofias pegadas a la cabeza... nada de zapatos que nos asfixiaran los pies. Lo único que necesitábamos mis hermanas y yo era jean y camiseta para poder sacarnos nuestros vestidos largos un rato. Yo sabía que no se daría esa noche, pero por el momento disfrutábamos de una aventura inolvidable. Mi sueño de manejar un vehículo por fin se estaba haciendo realidad. Al menos eso creía.

Fuimos a un pequeño pueblo a unos quince kilómetros y paramos para comprar gasolina. Pagamos con efectivo y el cajero se quedó con la boca abierta cuando vio lo que estábamos haciendo. Probablemente se estaba preguntando cómo habrían hecho unos chicos amish para salir en un vehículo motorizado.

—Si es inteligente se dará cuenta de que lo robamos —les dije a Sarah y Amanda.

Mientras salíamos con paso seguro le sonreímos y lo saludamos con la mano. Nos devolvió el saludo y se sonrió un poco. ¡Genial! ¡Sonreír era buena señal!

—Espero que no llame a la policía —rio Sarah nerviosamente.

—No, en cuanto nos pierda de vista se olvidará de nosotros —le aseguró Levi.

Fugitiva amish: el gran escape

Emprendimos el regreso por otro lado. Mis hermanas y yo estábamos esperando nuestro turno para conducir en cuanto llegáramos al camino de ripio. Hacía mucho que había estado contemplando dejar a los amish en secreto y ésta era la oportunidad perfecta para empezar a aprender a manejar. Durante los últimos meses había estado echando vistazos a los autos estacionados cada vez que se me presentaba la oportunidad para tratar de entender cómo funcionaban. En especial quería saber cuál pedal era para acelerar y cuál para frenar. Era un misterio que la gente no los confundiera.

—Levi, ¿puedes parar y dejar que yo maneje ahora? —le grité por encima del ruido de la radio y el rugir del viento por las ventanas abiertas. Ya no podía esperar más para poner las manos en el volante.

—¿Estás segura? Creo que deberías esperar hasta que lleguemos al camino de ripio. No es tan fácil como parece.

Sarah y Amanda gritaron: —¡Déjanos salir antes de que empiece a manejar!

—¿Qué les pasa, chicas? —Me volví y me devolvieron la mirada, con rostros serios—. Se supone que me están apoyando —les recordé—; fue idea mía sacar la camioneta y podían elegir acompañarme o no.

Sarah se me acercó y gritó: —¡Nos vas a asustar!

—¡Ayyy! ¡Me estás dejando sorda gritándome así en el oído!

En menos de diez minutos mi sueño de conducir se había frustrado y terminamos por volver a casa a pie. Nuestra destartalada camioneta robada dejó de andar mientras rebotábamos por la calle principal de otro pueblo pequeño. Acabábamos de doblar a la izquierda en una señal de parada cuando el motor hizo un estallido fuerte y el vehículo fue desacelerando hasta parar por completo. ¡Casi nos mata a todos del susto!

Levi se bajó y abrió el capó. El motor despedía densas y copiosas bocanadas de humo. ¡Ahora sí que estaban asustadas las hermanas! Sarah y Amanda parecían rígidos fantasmas blancos merodeando un cementerio abandonado. Seguramente yo me veía igual o hasta peor. Parecía uno de tantos sueños que tuve en los cuales estaba asustada y trataba de moverme pero no podía. Ahora las horribles pesadillas se habían vuelto realidad. En el pueblo reinaba un gran silencio con la excepción de los ladridos de los perros y uno que otro vehículo que pasaba.

Sabía que merecíamos un castigo por robar la camioneta pero, ¿era necesario que fuera aquí y ahora? Si salíamos con vida, podíamos terminar en la cárcel, una idea inimaginable. Jamás había oído de una persona amish

Fugitiva amish: el gran escape

arrestada, aunque no era imposible ya que en la comunidad amish se guardan muchos secretos.

—Si nos arrestan —dijo Sarah—, ¿por qué no vivimos en otro lugar cuando salimos de la cárcel? —Sugirió escaparnos y alquilar una casa para vivir como los «ingleses». Para nosotros, cualquiera que no fuera amish era «inglés».

Sarah todavía no sabía que yo ya tenía planes de irme. Ahora me preguntaba cómo reaccionaría si le dijera que estaba pensando seriamente en escaparme. *¿Querría ir conmigo?* —pensé. Muchas veces habíamos hablado de escaparnos, pero siempre era en chiste y yo no estaba lista para que supiera lo decidida que estaba.

Amanda seguía sentada en la cabina, demasiado asustada para hablar. Miraba el humo, hipnotizada.

En ese momento teníamos una sola opción: ¡bajarnos y correr! Le tiré del brazo a Amanda para que reaccionara. La camioneta estaba varada en el medio de la calle. No podíamos empujarla hacia adelante porque el camino iba cuesta arriba. No podíamos retroceder porque el vehículo se había averiado inmediatamente después de una intersección. Así que lo dejamos en la calle, rogando que nadie lo chocara al doblar en la señal de «Pare».

Desafortunadamente, estábamos a seis kilómetros y medio de la casa de Eli, y un kilómetro y medio de ellos consistían en un camino de ripio en el que teníamos que correr descalzos ya que habíamos dejado nuestros zapatos en casa. Corrimos un rato y después bajamos a un trote. Cada vez que se acercaba un vehículo desde atrás, caminábamos normalmente para evitar sospechas. Después de casi cinco kilómetros de camino pavimentado, llegamos al camino de ripio. Menos mal que años de correr descalzos al aire libre nos habían endurecido las plantas de los pies hasta tener la consistencia del cuero, así que prácticamente ni nos dimos cuenta. Llegamos a salvo a la casa de Eli y suspiré aliviada al encontrar a todos los niños profundamente dormidos.

Después de llegar con el cuadriciclo y escuchar nuestro relato, Eli y Noah volvieron al pueblo para ver si todavía estaba la camioneta. Al acercarse a la intersección, vieron que estaba rodeada de patrulleros de la policía, así que dieron la vuelta y volvieron a casa lo más rápido posible. Nos quedamos despiertos casi toda la noche por miedo de que la policía viniera a golpear la puerta y arrestarnos. Finalmente razonamos que no podrían probar que habíamos sido nosotros porque no teníamos números de Seguro Social. No sé por qué llegamos a semejante conclusión, pero por el momento nos reconfortó.

Fugitiva amish: el gran escape

Después supe que el dueño de la camioneta vivía a unas dos cuadras de donde se había averiado. Me preguntaba cuál había sido su reacción al enterarse de que su camioneta estaba abandonada en medio del pueblo donde vivía, a más de seis kilómetros de donde la había dejado. ¡Por lo menos consiguió gasolina gratis del asunto! No creo que nadie habría sospechado que los culpables habían sido chicos amish. El mundo exterior suele percibir a los amish como inocentes que no harían nada malo. Y habría sido todavía más fuera de lo común que las chicas hicieran algo tan extremo, ya que siempre estaban en casa sin posibilidades de salir.

§

La interminable llanura y las palmeras tropicales del sur de Texas pasaron zumbando al acercarme a la facultad. Después de llegar y sentarme en el aula, me preguntaba si la cabeza se me iría a explotar por toda la información que tenía que retener. Cuando leí la carta de Sarah y Amanda, deseé tenerlas conmigo, pero no para robar más camionetas. Las quería conmigo para emprender este viaje juntas. Había salido de los amish con una muy pobre educación de octavo grado y no hablaba mucho inglés, solo alemán. De repente estaba asistiendo a un nivel terciario a tiempo completo menos de dos años después de haberme ido. ¡Y ni que hablar del choque cultural! Pero en lugar de soltar los recuerdos de mi infancia, se vuelven cada vez más nítidos con cada paso que tomo para mejorarme. Sin embargo, me acuerdo constantemente de mis hermanas que siguen en casa con un futuro cuyo factor determinante es una tradición represiva.

Capítulo 2:
Los bebés vienen de aviones

Nada desaparece hasta que no nos haya enseñado lo que necesitamos saber.

~Pema Chodron~

Si la gente tan solo supiera de dónde vine, entenderían el terror que sentí al dejar los amish, la única vida que conocía, y hacer la transición a la vida «inglesa». El choque cultural fue aún mayor de lo que había imaginado. Hay muchos grupos diferentes de amish; mi familia es de los «*Swartzentruber Amish*», uno de los grupos amish menos modernos y más incultos del planeta. A veces se los llama los *knuddle-rollas* (tambores de tierra). El apodo se debe a la costumbre de bañarse solo el sábado por la noche, y a veces ni siquiera entonces.

Por más que los amish tengan un problema de higiene, su vestimenta es muy meticulosa y debe seguirse al pie de la letra. Siempre me pareció que las mujeres estaban obligadas a cubrirse mucho más de lo necesario, pero como me gustaba cuestionar las reglas, probablemente me haya parecido mucho peor a mí.

Las mujeres no pueden cortarse el cabello, sino que deben usarlo recogido debajo de una cofia que les cubre las orejas. Deben hacerse un rodete y usar una cofia blanca o negra (según la edad) que cubra cada pelo por completo. Las chicas usan una cofia blanca después de cumplir los quince años; antes usan una cofia negra durante la semana en casa. Para los casamientos y los funerales, cada niña y cada mujer llevan una cofia blanca. Para las reuniones habituales de la iglesia, solo las mujeres casadas usan cofia blanca y las chicas una negra. Es un poco complicado entender todas las maneras diferentes de usar la cofia, pero es fundamental para las mujeres amish, que siempre deben llevar cofia, a menos que estén durmiendo.

Hay un solo peinado para las mujeres amish, que no ha mejorado prácticamente en nada por muchas generaciones. Se hace una raya exactamente en el medio y se peina el cabello liso hacia abajo y atrás, donde se coloca una banda de tela oscura que rodea los dos lados. Luego se junta todo atrás en un rodete en el medio de la cabeza, con la banda entrelazada y atada en el cabello. Se usan horquillas para sostener el cabello. Algunas mujeres pierden el pelo en los lugares donde han llevado esas horquillas por años.

Fugitiva amish: el gran escape

Lo que más me molestaba de la ropa eran los vestidos. Son largos, oscuros y sin excepción deben llegar hasta los tobillos. Para peor, no se permite tener botones en los vestidos; solo se pueden usar alfileres para que se mantengan en el lugar apropiado. Sin embargo, las niñas menores de nueve años pueden usar botones. Los alfileres lastiman si no se usan correctamente. ¡Me pinché un millón de veces!

Los hombres deben llevar un pantalón oscuro con tirantes y una camisa oscura. Se les permite usar broches de gancho en vez de botones y cierres para el pantalón y la chaqueta. Pero las camisas tienen botones. Los hombres la tienen fácil: nada de ponerse horquillas con manos traspiradas, nada lavar y peinar cabello largo, nada de cargar un bebé en el vientre todos los años. Siempre me pareció que sería más justo que los hombres también tuvieran que usar alfileres en vez de botones.

Los hombres se cortaban el pelo al estilo de un niño holandés y hay algunas reglas en cuanto al corte: no puede ser tan corto que se les vean las orejas y el flequillo tampoco puede ser demasiado corto. Solo usan un sombrero de ala ancha cuando están trabajando afuera; si no, no tienen que mantener la cabeza cubierta como las mujeres. Si están casados, los hombres usan una barba completa, sin bigote.

Emma Gingerich

Aunque el uniforme amish es anticuado, impráctico e incómodo, jamás considerarían usar algo más moderno porque creen que sería faltarle el respeto a sus antepasados.

Recuerdo que los de afuera y otros grupos amish modernos se burlaban de nosotros y me hacían sentir insegura. Reaccioné haciendo de cuenta que era otra persona y volviéndome rebelde. Las reglas tan estrictas no me dejaban respirar y hacían que me desquitara de maneras que de otro modo no habría intentado. Muchas veces pensaba que tenía un privilegio especial para romper las reglas, casi siempre cuando estaba con Eli y sus amigos. Mi actitud se convirtió en «puedo hacer esto o aquello y la ley no me va a tocar porque soy amish». Este privilegio imaginario es la razón por la cual me sentí tan confiada en sacar a pasear esa camioneta. Era mi manera de ser rebelde sin importarme las consecuencias, además de una manera de escaparme de quien realmente era. En el momento no sentí remordimiento ni culpa por mis acciones. Me pareció algo genial, y a mis hermanas también, una vez que se nos pasó el temor a que nos descubrieran.

Cuando pienso en el episodio de la camioneta robada ahora, no puedo creer que haya salido de la casa esa noche, abandonado a cuatro niñitos mientras dormían. Recuerdo haber caminado hacia la casa en la oscuridad

Fugitiva amish: el gran escape

esperando que el bebé no estuviera llorando. Si los Byler hubieran conocido mi lado taimado, jamás me habrían dado trabajo. O si mis padres hubieran sabido lo que pasaba por mi mente, jamás me habrían perdido de vista. No era muy buen modelo para mis hermanas.

Mis padres esperaban que fuera buen modelo cuando me quedaba en casa para cuidar a los niños. Solo tenía ocho años entonces y estaba en tercer grado, una edad muy común para asumir esa responsabilidad. Mem y Datt se llevaban al bebé más pequeño, pero dejaban tres o cuatro chiquitos bajo mi cuidado, incluida una criatura de un año. Iban al almacén o al mercado de pulgas. Aunque solo se ausentaban tres o cuatro hora, parecía una semana entera.

Me daba miedo quedarme en la enorme casa de campo de tres plantas, así que llevaba a todos afuera a jugar. Siempre oía ruidos escalofriantes en la casa aunque era nueva. Tenía cuatro habitaciones arriba y la planta baja contenía el dormitorio principal con un living grande, la cocina y la alacena. Usábamos el sótano para almacenamiento general y como lugar para guardar productos enlatados.

Me sentía mejor afuera, pero obligaba a todos a esconderse detrás de la casa o de un árbol cuando pasaba un vehículo. Un día paró un auto frente a la casa. Era una pequeña rural color marrón dorado y me pareció el tipo de vehículo que usaría un secuestrador. Mis amigas me habían advertido que había que cuidarse de dos tipos de vehículos: una rural y cualquier vehículo con techo corredizo. Nos metimos en la casa, trabamos todas las puertas, bajamos las persianas y esperamos más de una hora hasta que el auto se fuera. ¡Qué alivio! —¡no nos habían secuestrado! Hice que los pequeños se quedaran adentro el resto del día por si el auto volvía.

Siempre trataba de ser la valiente en casa y, como era la mayor de las mujeres, se esperaba que fuera valiente. A veces mis padres visitaban a los vecinos por la tarde durante la semana. Cuando se iban, yo cuidaba a los chiquitos. Me daba miedo estar a cargo cuando empezaba a oscurecer, así que me paraba en el porche y gritaba lo más fuerte posible, esperando que Mem y Datt me oyeran. En Ohio, antes de mudarnos a Missouri, estábamos rodeados de vecinos, pero los vecinos que mis padres visitaban aquí vivían a unos tres kilómetros. Mis gritos nunca servían de nada; volvían cuando ellos estaban listos, no cuando yo lo estaba.

No solo le temía a la oscuridad; también me horrorizaba cuando había tormentas o tornados. No eran las tormentas lo que temía, sino que uno de los niños se acercara demasiado a la chimenea y al horno. Mis padres me habían advertido que la gente se moría por pararse o

Fugitiva amish: el gran escape

sentarse demasiado cerca de la chimenea durante una tormenta. Hasta impedíamos que los perros se escondieran en esa zona y sin embargo parecía ser el primer lugar al que corrían cuando rugía la tormenta. Por supuesto que la advertencia resultó ser falsa, pero a una edad tan temprana no solo la creía, sino que actuaba en consecuencia.

Parecería que todas las familias amish tienen la vocación de ver quién puede criar más hijos. A mi abuelo paterno se lo conocía como Gingerich Dowdy. Tuvo veintiún hijos, diecisiete con su primera esposa, que murió de cáncer, y cuatro con su segunda esposa. Del lado materno solo había diez hijos, aunque es muy típico que una familia tenga de doce a quince hijos. No llegué a conocer a ninguno de mis abuelos muy bien, principalmente porque inspiraban demasiado miedo. Gingerich Dowdy parecía surgido de la más pura maldad. Si las miradas pudieran matar, habría sido genocida. Tenía la nariz larga y torcida, la cara arrugada y pelo canoso que le llegaba hasta los hombros y siempre estaba grasoso y despeinado. Tenía un hijo sordo con discapacidad mental, Noah —mi tío—, al que abusaba pegándole o agarrándolo de la barba y arrastrándolo como a un perro. No soportaba estar cerca de su casa porque me hacía mal.

Emma Gingerich

Recuerdo una vez cuando Dowdy lo agarró a Noah de la barba en una estación de autobús en pleno público, pero nadie hizo nada. Poco después, Noah llegó a casa para quedarse un tiempo. Tenía treinta y pico de años en ese entonces. La primera noche después de que llegó me despertó un llanto que venía del otro lado del pasillo, así que me levanté de la cama para ver qué pasaba. Noah estaba de pie en medio de la habitación bañada por la luz de la luna con la mano entre las piernas. Quedé boquiabierta. Ya que era sordo, no sabía cómo explicarle que tenía que bajar para usar la letrina, de modo que bajé por la oscura escalera en puntas de pie para no despertar a nadie, fui corriendo al frío lavadero y encontré un pequeño balde sucio. Subí la escalera en menos de un minuto y le alcancé el balde a Noah, quien dejó de llorar y me hizo señas para que saliera de la habitación. Tenía solo ocho años y estaba orgullosa de haber ayudado a Noah sin tener que despertar a mis padres.

No iba a la casa de Gingerich Dowdy muy seguido pero, cuando lo hacía, jamás lo vi sonreír —estaba eternamente de mal humor y siempre se estaba quejando de algo. Estaba agradecida de que mi datt tuviera un sentido del humor y que muchos de los amish lo quisieran. Estaba aún más agradecida de que Datt jamás abusara de nosotros como lo hacía Dowdy con sus hijos. Entonces era demasiado pequeña para ver las

Fugitiva amish: el gran escape

fallas de mi datt, pero al crecer me pareció perezoso y distante.

Por otra parte, el datt de mi mem, al que llamábamos Miller Dowdy, nunca abusó físicamente de sus hijos, pero tampoco era una persona muy agradable. Casi nunca sonreía y era muy mandón. Lo recuerdo rondando alrededor de mi hermano Jacob cuando trataba de arreglar un carro, dándole órdenes y diciéndole que no sabía lo que estaba haciendo. Miller Dowdy usaba unos antiguos anteojos redondos y tirantes para que no se le cayera el pantalón. Parecía un típico abuelo amish, muy distinto a Gingerich Dowdy.

Mis padres tuvieron catorce hijos en total. Tenía unos quince años antes de darme cuenta que mi madre llevaba los bebés dentro de su cuerpo y no tenía idea de la causa del embarazo. Los padres amish no les dicen a sus hijos que hay un nuevo bebé en camino. Muchas veces me despertaba por la mañana para encontrarme con un bebé que lloraba en la habitación, y así me enteraba de que tenía un nuevo hermanito.

Cuando tenía alrededor de nueve años suponía que para tener un bebé los padres lo elegían de una larga fila de bebés en una tienda y lo traían a casa. Muchas veces me preguntaba dónde estaría si no me hubieran escogido. No podía imaginarme ser hija de otros. Pensaba en todos mis tíos y no hubiera querido que fueran mis padres.

Emma Gingerich

Durante mi tercer año en la escuela, alrededor de la época en que me quedaba en casa para cuidar a los más pequeños, Anna, una de mis mejores amigas, me dijo que un avión había volado sobre su casa la noche anterior y les había dejado una beba. Le creí.

—¿Cómo supo el avión que tus padres querían un bebé? —pregunté.

—Este, creo que el avión da vueltas y deja bebés donde se le da la gana —contestó Anna.

Un día me ganó la curiosidad. —Eh —le dije a Mem—, ¿por qué papá y tú no consiguen un bebé de un avión como los padres de Anna?

Levantó la mirada de la máquina de coser donde le estaba haciendo una cofia a mi hermana Rhoda. Me miró como si me hubiera vuelto loca. Pero en lugar de corregirme, dijo: —No sabía que lo habían conseguido de un avión.

Me confundía que Mem no supiera nada del tema si en realidad los bebés venían de ahí, pero era demasiado chica para cuestionar nada. De hecho, mi familia no nos alentaba a hacer preguntas acerca de nada, lo cual se convirtió en un gran problema para mí con el pasar del tiempo. No obstante, de ahí en más, estaba atenta a los aviones, con la esperanza de ver si mis padres o algunos de los vecinos recibían un nuevo bebé. Me pasaba horas en el césped mirando al cielo, pero después de varios meses se me pasó la curiosidad.

Fugitiva amish: el gran escape

De hecho, cuando era más grande no quería que mis padres tuvieran más bebés ya que me había dado cuenta cuánto trabajo daba atender a tantos. Ya tenían diez. Cada vez que oía un avión zumbando sobre nuestra casa rogaba silenciosamente: —Deja el bebé en otro lado; no lo necesitamos.

A veces me quejaba de las enormes pilas de ropa sucia que había que limpiar o de los montones de platos que había que lavar tres veces al día. Jamás había tiempo de aburrirse con tantos hermanos. Una vez Mem se había hartado de mis quejas y preguntó: —¿Y qué quieres que haga con todo el trabajo?

—Hay demasiados niños —contesté.

—¿A cuál de ellos no quieres? —preguntó, decepcionada.

Después de pensar en su pregunta, me di cuenta que todos mis hermanos eran demasiado preciosos como para no quererlos. —Umm, l-l-los quiero a todos —tartamudeé.

Me dio vergüenza haberme quejado. Pensé con atención en cada uno de mis hermanos. Aunque me habían molestado los nueve en algún momento, la idea de regalar a uno de ellos era inimaginable, porque al fin de cuentas me gustaba tenerlos cerca. Estaba contenta de que Mem me hubiera hecho entrar en razón. Tuvo cuatro niños más después de eso y, tras abandonar mi orgullo egoísta, los recibí de buena gana en la familia.

§

Nací en Mount Eaton, Ohio y nos mudamos cinco veces dentro de ese estado. Mi datt finalmente estableció un próspero aserradero y pensé que con la linda casa en la que vivíamos seguramente no nos mudaríamos de nuevo, pero lo hicimos. Esta vez mis padres decidieron irse de Ohio permanentemente y trasladar la familia entera al norte de Missouri a fines del invierno de 1998. Yo tenía casi 11 años entonces, pero me sentía mucho mayor por mis responsabilidades en la familia.

La mudanza a Missouri comenzó mal. En primer lugar, estábamos apretujados en una casa rodante helada, con corrientes de aire por todas partes. Después nevó más de un metro, más de lo que habíamos visto hasta entonces, especialmente por ser marzo. Para peor, el frío se metía en cada recoveco del tráiler. Este no tenía más que una pequeña estufa a leña para calentar el área común. Pasar de una casa de tres plantas a un pequeño tráiler de dos habitaciones con una cocina minúscula era como retroceder seis pasos gigantes en la vida. No había lugar para poner todos los muebles, así que quedaron afuera, tapados con una lona.

Fugitiva amish: el gran escape

Como un mes después de la mudanza, falleció la abuela Sarah, la madre de mi mem. Mem y Datt nos mandaron a quedarnos con nuestros primos para que pudieran volver a Ohio para el entierro. Nuestros primos también acababan de mudarse a Missouri, pero no los conocíamos muy bien y fue una semana difícil. Hubiera deseado que la abuela esperara varios años más antes de dejar esta tierra, por lo menos hasta que nos hubiéramos adaptado a nuestro nuevo hogar. Estaba acostumbrada a cuidar niños, pero no a hacerlo día y noche durante una semana. Todos estábamos nostálgicos para cuando volvieron Mem y Datt.

Poco después del cambio a Missouri empecé a irritarme muy fácilmente con la vida amish en general. Uno de los aspectos de la vida cotidiana que más parecía molestarme era tener que viajar cinco kilómetros a la escuela en carro a caballo, especialmente los días de frío. La comunidad amish estaba desparramada a lo largo y a lo ancho de una gran distancia, de modo que la ubicación de la escuela exigía que todos tuvieran que viajar bastante para llegar. No hay nada peor que andar en carro con un viento frío aullando por todos lados. Nos metíamos de a seis a la vez y me daban lástima mis hermanos menores porque tenían que soportar los largos y fríos viajes de ida y vuelta, igual que yo. No teníamos calentadores en el carro, solo asientos helados en que sentarnos y mantas heladas con que taparnos.

A pesar de mi irritación con los viajes en invierno, sí me entusiasmaba cuando enganchábamos dos caballos en un trineo en lugar del carro. Una vez en particular me hace sonreír: era la primera vez que enganchábamos el trineo y había una abundante manta de nieve en el camino de grava. Manejaba mi hermano mayor, Jacob. Solo tenía trece años y, al igual que cualquier adolescente, pensaba que era duro, pero pronto supo lo contrario. Después de un día frío y aburrido en la escuela, no veíamos la hora de estar en casa. Subimos al trineo y nos envolvimos en las mantas mientras Jacob llamaba a los caballos. Poco después de partir, Jacob permitió que los caballos tomaran una curva demasiado rápido y el trineo cayó de costado. El trineo volcado nos tiró a todos en una gran zanja llena de nieve. Los niños más pequeños empezaron a llorar inmediatamente pero ninguno estaba lastimado, solo estaban asustados. Por suerte los caballos se detuvieron y se quedaron parados como si no hubiera pasado nada. No sé cómo lo hicimos, porque éramos tan chicos, pero todos juntos logramos enderezar el trineo y seguir camino. Fuimos a la escuela en trineo varias veces más después de esa aventura, pero Jacob frenaba a los caballos en cada esquina.

Fugitiva amish: el gran escape

Sin embargo, no solo me irritaban los viajes a la escuela en carro. A medida que pasaba el tiempo, me sentía cada vez más molesta al ver que mi vida amish se volvía cada vez más aburrida; sencillamente no pasaba lo suficiente como para mantenerme ocupada. En vez de comportarme como una señorita, tal como se esperaba que lo hiciera, empecé a inventar maneras de hacer que la vida fuera más interesante. En consecuencia, comencé a hacer travesuras a escondidas de mis padres.

Al crecer, cuando mis responsabilidades alcanzaron el nivel de todos los quehaceres domésticos, la hermana que me seguía, Rhoda, alcanzó la edad para ayudarme. Fue entonces que decidió que le tocaba mandonearme a mí como yo se lo había hecho a ella cuando la cuidaba. A veces, cuando me metía en problemas, Rhoda trataba de brindarme el consejo parental que creía que me hacía falta.

Rhoda tenía un año menos que yo y era muy mamera. Siempre actuaba como si fuera mayor que yo y trataba de mandonearme; por lo general, se salía con la suya. Rhoda jamás se metía en ningún lío que resultara en un castigo. Mem hasta me dijo una vez que la gente en la iglesia solía comentar lo linda que era Rhoda. Después de eso, supe que yo nunca sería la favorita de Mem. Rhoda era una perfecta señorita. La envidiaba porque parecía que tenía un espíritu libre y que no tenía una conciencia culpable que tuviera que esconder del mundo. Salvo la vez que tiró una pequeña radio que yo había escondido.

Después de varias semanas de buscar la radio frenéticamente, temiendo que Dios se la había llevado de alguna manera para enseñarme una lección, tenía miedo de estar condenada. Sarah era la única que sabía que había guardado el equipo electrónico prohibido y le preocupaba que si lo seguíamos buscando Dios seguramente nos castigaría. Yo había escondido la radio en el altillo y, porque había desaparecido en el verano, hacía un calor infernal allí.

—¿No crees que la radio se habrá derretido y desaparecido acá arriba? —preguntó Sarah con el rostro rojo y traspirado, mirándome fijamente.

Habíamos subido la escalera hasta el altillo para buscar la radio una vez más, pero no llegamos hasta arriba antes de volver a bajar; hacía demasiado calor.

—No, Sarah —contesté—. Si la radio se derritiera, ¿no se prenderían fuego todas esas cajas?

Y después un día, tras varios meses de buscar y de preguntarnos qué le habría pasado a mi radio, Rhoda oyó cuando Sarah y yo tratábamos de descifrar el enigma. Confesó que la había tirado en la zanja junto al camino.

Fugitiva amish: el gran escape

—¡¿Por qué harías eso?! —le grité, esforzándome por no tomarla del cuello.

—Es malvado tener una radio y ustedes saben que no deberían tenerla —contestó con gran calma, como si no hubiera sido nada—. Deberían estar contentas de que estuviera tratando de protegernos.

—¿Protegernos? ¿Y eso qué quiere decir? —masticó Sarah con bronca.

—Oí decir que el *Hau* puede traerle mala suerte a toda la familia cuando uno de nosotros hace algo que no está permitido —contestó Rhoda dulcemente. Hau significa Dios, o "Buen Hombre", en alemán. En mi familia, había ciertas cosas de las cuales no hablábamos, y una de ellas era el temor s provocar la retribución de Dios si no obedecíamos las reglas. Nadie decía exactamente esas palabras, pero se entendía tácitamente que podría ocurrir.

No le dije nada más a Rhoda. En lugar de ello, fui a la zanja a hurtadillas y encontré la radio donde la había tirado, pero la lluvia ya la había arruinado. Mientras pisoteaba la radio, me preguntaba qué pensaba realmente mi hermana de mí. Me sentía tan culpable por tener una radio cuando sabía que era malo hacerlo y no podía discutirle que no estuviera haciendo peligrar a la familia entera. Oré que el Buen Hombre tuviera misericordia de mi familia y, si había mala suerte, esperaba que solo me pasara a mí porque era culpa mía.

Aunque estuviera mal tener radio, escuchar música era mi pasión principal. Muchas noches me tapaba completamente y escuchaba cualquier cosa que podía pescar. No conocía la diferencia entre una estación de country y de rock popular —mientras hubiera música estaba feliz. No podía entender las palabras de las canciones: solo había aprendido un poquito de inglés en la escuela, pero no lo suficiente para poder disfrutar de la letra.

El ritmo de la música me consolaba, pero también me aterraba porque temía que alguien se metiera en mi habitación sin avisar. Con tantas personas en la casa, nunca se sabía cuándo alguien decidiría aparecerse en mi cuarto. No había traba pero si la hubiera habido, habría sido sospechoso usarla. Como sabía que estaba haciendo algo malo, me preguntaba si todavía gozaría de buena salud cuando me despertara al día siguiente. Me convencí de que algo malo me tenía que suceder. Temía que escuchar esta música causaría mala suerte, así que a veces aplastaba y tiraba mi propia radio. Después si no me pasaba nada malo, encontraba la manera de comprar otra en secreto. Sentía que el cajero me perforaba con la mirada. Automáticamente suponía que los hombres amish habían dicho a todos los cajeros y

Fugitiva amish: el gran escape

empleados de las tiendas que les informaran si veían que alguien compraba algo prohibido.

Rhoda no les dijo nada a mis padres de la radio que había tirado o habrían habido consecuencias. Estaba agradecida por eso. Pero cada vez que me pescaban con una, Datt me predicaba del pecado que había cometido. Estaba prohibido tener una radio en amish, lo cual me costaba mucho entender, pero era inútil preguntar porque nadie me podía dar una respuesta que tuviera sentido. Me habían pescado con una radio muchas veces y mis padres me lo hacían notar por varios días, mientras aumentaba mi carga de tareas domésticas. No hacía falta que me castigaran porque ya me sentía lo suficientemente culpable por mis acciones. Estaba segura de que Dios iba a darme una enfermedad o que iba a terminar en algún accidente insólito.

Sabía que Rhoda tenía sus razones por actuar así, pero me sorprendió que abordara el asunto por cuenta propia. Con el paso del tiempo, al aumentar mi irritación con el modo de vida amish, mi posición como buen modelo para mis hermanos se deterioró. Sin embargo, tenía la sensación de que algún día Rhoda sería muy buena madre para sus propios hijos, aunque no vinieran de aviones. Ahora al pensar en la fidelidad de Rhoda y en su dedicación a las reglas amish, me pregunto por qué yo no compartía ese compromiso también. Me salí de mi terreno conocido para encontrar lo que le faltaba a mi corazón: la libertad. En lugar de casarme y criar una familia como lo hará Rhoda algún día, ahora estoy aprendiendo a mantenerme sin estar dominada por un hombre.

Capítulo 3:

Vida de adolescente

Confía en que tu alma tiene un plan aunque no puedas verlo todo.

~Deepak Chopra~

Sentarme en una moderna cosechadora a motor me exaltaba como si estuviera drogada o algo así. Jamás había pensado que haría algo en el campo sin usar caballos, pero el verano después de escaparme de los amish no dudé un instante ante la oportunidad de trabajar en una granja en North Dakota. Estaba encantada de manejar una máquina para cosechar trigo. Trabajar con equipos distintos a los caballos era un desafío nuevo y emocionante para mí, y aproveché la oportunidad de hacer algo descabellado antes de comenzar un nuevo semestre de estudio.

No tuve problema para aprender a manejar la enorme maquinaria; no llegaba a los 48 kilos y me sentía como una ratita en el tractor gigante. Sin embargo, después de practicar un par de días, manejaba la cosechadora como una profesional. En casa, la familia entera se desparramaba por el campo y armaba fardos de trigo recién cortado en hatos (chocitas). Costaba mucho levantar y cargar esos fardos, pero teníamos que hacerlo para que se secaran antes de ir a la trilladora impulsada por un enorme motor conectado por una larga correa.

Cuando todavía vivía en casa, siempre era más de estar afuera en el campo que de quedarme en casa. Me preguntaba cómo podía manejar una cosechadora ahora cuando me había costado horrores guiar a los caballos de más chica. Me encantaba estar en establo y ordeñar las vacas temprano por la mañana o alimentar a las gallinas y juntar los huevos por la tarde. Aunque me gustaban esas tareas, no tenía ningún problema en pasárselas a otro. En mi casa, las tareas iban pasando al próximo niño a medida que alcanzaba la edad para hacerlas. Las mujeres comenzaban por los quehaceres domésticos, como cocinar, limpiar y cuidar a los bebés, y luego pasaban a hacer tareas en el establo, que consistían principalmente en ordeñar las vacas y alimentar a las gallinas. Los varones hacían el resto del trabajo pero nunca ayudaban con las labores domésticas, que los amish consideraban trabajo de mujeres. Cuando mis hermanos menores pudieron encargarse de ese tipo de tareas, comencé a ayudar con la fuente principal de ingresos de mi familia: el tejido de cestas.

Fugitiva amish: el gran escape

Además de tejer cestas a los doce años de edad, dedicaba parte de mi tiempo a manejar una yunta de caballos durante la temporada del heno. ¡La sola idea me encantaba! Sin embargo, mis hermanos no estaban demasiado entusiasmados porque pensaban que yo no era más que una endeble hermana que debiera quedarse en casa, el lugar de la mujer.

Un caluroso día de verano estaba parada en lo alto de la cabecera del carro manejando una yunta de caballos belgas por las largas hileras de heno recién rastrillado. Tenía que asegurarme de que el cargador de heno enganchado detrás del carro lo estuviera levantando. Jacob, mi hermano menor Sam y el empleado Menno apilaban el heno suelto con horquillas al acercarse el cargador. Yo quería demostrarles a mis hermanos que era fuerte y que podía con cualquier cosa. Por supuesto que cuando trataba de demostrar mis habilidades varoniles siempre pasaba algo y esta vez no fue ninguna excepción. Cuando estaba bien erguida, respirando bocanadas de heno recién cortado, de repente algo asustó a los caballos y salieron disparados. Grité pidiendo ayuda mientras tiraba de las riendas con todas mis fuerzas. Menno corrió de detrás del carro y me sacó las riendas, pero era demasiado tarde. La enorme carga de heno se cayó del carro, arrastrándonos a mí y a mis hermanos, cubriéndonos después de caer al suelo.

Emma Gingerich

Nadie se lastimó mucho, solo fueron chichones y moretones, pero nos asustamos. Los varones me echaron la culpa de que se escaparan los caballos. No sabía cómo los había asustado, a menos que hubieran visto a mi falda flamear en el viento. Lo más probable es que a los varones no les haya gustado que yo manejara así que me culparon por los caballos escapados para que dejara de manejar. Y así fue. No manejé más durante el resto de la temporada de heno y la mala suerte no terminó ahí; me siguió durante varios años.

§

El próximo incidente ocurrió poco después de que terminara la escuela, cuando tenía unos catorce años. Solo se estudiaba ocho años y después había que quedarse en casa y trabajar a tiempo completo. A los catorce años mis padres me permitían ir al pueblo sin otro adulto para hacer los mandados. En ese día en particular tenía que ir a la ferretería a comprar suministros para nuestra cestería. Llevé a mi hermanita Lizzie de dos años conmigo para darle un pequeño respiro a Mem.

Fui con un caballo que se llamaba Smokey. Supuestamente era manso y las mujeres lo podían manejar sin problemas pero al caminar por el pueblo vio un rociador de agua en un jardín. De repente levantó la cabeza y salió

Fugitiva amish: el gran escape

por la calle al galope. Fue tan inesperado que no pude controlarlo a tiempo. Por más que tirara de las riendas, Smokey no bajaba de velocidad. Parecía que tenía el freno entre los dientes para no sentir cuando jalaba de las riendas. *Qué caballo inteligente*—pensé.

Pasamos una señal de pare volando y cruzamos una carretera transitada tan rápido que no tuve tiempo de gritarle al auto que casi chocamos. Aunque los gritos de nada hubieran servido. Smokey fue corriendo derecho al jardín, desviándose apenas para evitar el auto estacionado en la entrada y la esquina del garaje. El caballo casi se lleva por delante el tendedero pero pudo parar antes. Lizzie se cayó de costado al detenernos tan abruptamente y se golpeó la cabeza contra el costado del armazón del asiento. Me sacudió la cabeza con tanta fuerza que tardé un momento en darme cuenta lo que había sucedido. Smokey estaba quieto y pude ver que si no se hubiera detenido antes del tendedero el daño habría sido de otra magnitud.

Al volver en mí, tuve que encontrar la manera de calmar a mi hermanita que lloraba histéricamente. Smokey estaba muy quieto pero miraba nervioso a su alrededor. Le temblaban los cuartos traseros como si pensara que lo iba a castigar con el látigo. Le hablé suavemente para calmarlo. Smokey había pateado la hierba del césped, dejando entrever la tierra donde sus patas la habían raspado.

Cuando Lizzie se calmó, analicé la situación: debido al tamaño del jardín y la cercanía de la casa y el tendedero, no había forma de dar la vuelta o de hacer retroceder el carro. Sin embargo, no podía bajarme del carro y dejar a Lizzie adentro sola y si la llevaba conmigo no podía sostenerlo a Smokey. Cerré los ojos deseando que al abrirlos me despertara y todo esto resultaría ser una pesadilla. Desafortunadamente, cuando volví a abrir los ojos, la situación seguía siendo muy real.

Miré hacia la casa y vi a un hombre cerca de la puerta. Estaba hablando por teléfono. *¡Zas! ¡Ya está llamando a la policía!* —pensé. Se volvió a meter en la casa. *Esto no es nada bueno. Ni siquiera va a ver si necesito ayuda*. En un momento como este habría sido bueno tener un teléfono celular para pedir la ayuda de mis padres. *Ni pienses en teléfonos ahora, piensa, piensa en una manera de salir*. Unos minutos después el hombre salió de la casa y se acercó al carro.

—Lamento no haber venido antes —dijo—. Estaba con una llamada importante cuando vi que este caballo y el carro entraban volando.

Me dolía el pecho por lo fuerte que me latía el corazón y mis nervios vibraban con la tensión de la situación. —¿Así que llamó a la

Fugitiva amish: el gran escape

policía? —pregunté con voz asustada, casi ahogada.

Me miró por encima de los anteojos y sonrió. —No hace falta involucrar a la policía —dijo—. Yo puedo ayudarte.

—La-lamento que esto haya pasado —tartamudeé—. Algo asustó al caballo y salió corriendo por la calle.

—Entiendo —me dijo, mirándome todavía por encima de los anteojos—. No te preocupes; siempre hay accidentes y tú y tu hermana tienen mucha suerte de que no les hayan chocado al cruzar la carretera.

Estaba aliviada de que fuera uno de los pocos citadinos que no tenía problemas con la gente amish y sus caballos. En esa época, algunos se quejaban del estiércol de caballo en las calles del pueblo y hasta trataron de hacer proclamar una ordenanza municipal que exigiera que los caballos llevaran pañales. Los ancianos amish no estaban de acuerdo y nunca se concretó. En consecuencia, algunas personas ya no eran muy amigables con los amish.

El hombre sostuvo a Smokey mientras yo lo desenganchaba del carro. No podía dar vuelta el carro sola así que atamos a Smokey a uno de los postes del tendedero. Con la ayuda del hombre, dimos vuelta el carro y volvimos a enganchar a Smokey.

Para cuando llegamos al camino, Smokey estaba muy inquieto; cualquier ruidito lo hacía saltar. Tenía miedo de volver manejando, especialmente porque todavía estaba en el pueblo. Necesitaba parar una vez más en el almacén pero no me animaba a arriesgarme. Decidí que lo mejor sería dar la vuelta, volver a casa y esperar que Mem no estuviera demasiado disgustada por no haber vuelto con las compras.

Esa noche le conté a mi familia lo que había pasado, pero no parecía que entendieran cuánto miedo había dado cruzar la carretera volando y revolver el jardín de un extraño.

—No estoy muy contenta porque el pueblo queda tan lejos y estamos bastante ocupados aquí en casa —dijo Mem mientras pelaba las papas para la cena—, pero supongo que tendremos que volver mañana para hacer las compras.

Datt estaba parado en la puerta de la cocina fumando en pipa y su expresión me decía que pensaba que yo era una persona imprudente. Por fin, después de mirarme por lo que parecieron ser diez minutos, dijo: —Probablemente no estabas prestando atención o no habría pasado.

Quería decirle —*Como te parezca, Datt*—, pero me quedé callada. No servía de nada tratar de explicar por qué había pasado; cuando fumaba la pipa parecía alejarse flotando con el humo a

Fugitiva amish: el gran escape

una tierra distante. Tenía a mi hermanita conmigo, así que por supuesto que había estado prestando atención. No quería que le pasara nada. Sentía tanta lástima por Lizzie. Se había asustado muchísimo y en el camino de regreso la había puesto muy cerca mío para que se sintiera cómoda de nuevo.

§

No pasó mucho tiempo antes de que otro incidente me hiciera comenzar a preguntarme si Datt no habría estado en lo cierto con eso de que no prestaba atención a lo que me rodeaba. El incidente no tenía que ver con el tránsito ni con un caballo fugitivo, sino con un buzón. Esa vez manejaba una yegua fea, estúpida y testaruda llamada Minnie. A nadie le gustaba salir con Minnie y ese día estaba caminando todavía más lentamente que de costumbre. Sin embargo, no la culpaba —tenía que caminar casi veinte kilómetros para llevarme a mi destino.

Tenía que ir a la casa de la familia de Jacob, el hermano mellizo de mi datt, para ayudar con los preparativos para la iglesia ese domingo. Las reuniones iban rotando de una casa a otra y se acostumbraba a que las jóvenes ayudaran a los parientes cercanos a prepararse para la iglesia un día de la semana.

Nosotros solíamos tardar una semana entera en prepararnos para que la iglesia se reuniera en nuestra casa. Había que limpiar la casa de punta a punta, no solo porque queríamos que estuviera limpia sino para que la gente no se quejara por un granito de tierra, lo cual habría sido mortificante.

Después de completar la limpieza el miércoles, se comenzaba a cocinar el jueves. Las mujeres empezaban por cocinar pan para la sopa de frijoles para la comida del domingo. Hacían falta unos doce panes tan solo para la sopa y otros doce para el almuerzo, para comer con mermeladas y jaleas. El viernes preparaban galletas de leche cortada y tartas de snitz (manzanas deshidratadas), una tradición amish. Los niños pequeños comían las galletas y las tartas durante el servicio religioso. Los adultos comían lo que sobraba, después de lavar los platos. Los hombres nunca ayudaban con los platos, pero también recibían un bocadillo. Jamás pude entender ese concepto.

No me entusiasmaba ayudar a la familia de mi tío porque no me causaba mucha gracia limpiar y cocinar en la casa de otro cuando no dábamos abasto en casa. Pero fui de todos modos.

Como una hora después de salir de casa, estaba manejando por la banquina de una transitada carretera cuando comenzó a llover. Mientras me inclinaba para agarrar algo con que taparme, Minnie se acercó más a la banquina, arrastrando el carro. Cuando miré de nuevo, la

Fugitiva amish: el gran escape

rueda delantera estaba rodando hacia un buzón en forma de cerdo. Tiré rápidamente de las riendas para detener el caballo, pero era demasiado tarde: le di un buen golpe al buzón chancho. La tapa, en forma de hocico, se abrió, se torció y el buzón entero giró hacia un costado con un fuerte chirrido.

No sabía qué hacer. Todas las casas estaban del otro lado del camino, así que no creía que nadie hubiera visto el accidente y seguí manejando. Sabía que todo el mundo se daría cuenta de que un carro había chocado el buzón porque las ruedas habían dejado huellas frescas en la arena húmeda alejándose del cerdo torcido. No vi ningún otro carro en el camino y pensé que había una buena probabilidad de que nadie se enteraría de quién lo había hecho. En especial, no sospecharían de mí.

Cuando llegué a la casa del tío Jacob, la mañana entera parecía estar fuera de foco. Traté de concentrarme en ayudar a mis primas a limpiar los pisos de madera y las ventanas de arriba, pero la imagen del buzón no me dejaba en paz. *¿Qué debería hacer?* —me preocupaba.

Mientras almorzábamos sentados alrededor de la mesa, el tío Jacob me contestó cuando preguntó, de la nada, si le había pegado a un buzón en la carretera grande. —Me pareció que tal vez habrías sido tú ya que fuiste la última persona en el camino antes de mí.

Emma Gingerich

Sentí que me ardían las mejillas. No pensaba que me haría esa pregunta. Había ido al pueblo esa mañana y aparentemente no había estado muy lejos de mí al volver. Por supuesto que tuve que decirle la verdad —no había manera de esconder la culpa en mi rostro.

—Sí, yo choqué el buzón —dije. Hubiera querido desaparecer en un agujero, como las marmotas.

—No te olvides de decirle a tu Datt para que pueda hablar con los dueños y ofrecer de arreglarlo —dijo con calma.

Era imposible contárselo a mi datt. Después de lo que me había pasado seis meses antes con Smokey, cuestionaría seriamente mi capacidad para seguir manejando.

—Se lo diré —dije después de una larga pausa.

El resto del día fue verdaderamente horrible. Me castigué mentalmente por arruinar un buzón ajeno. A algunos ingleses de este lado del pueblo ni siquiera les gustaban los amish y me preguntaba si los dueños de ese buzón chancho estarían entre ellos. Unos anti-amish habían destrozado nuestro propio buzón varias veces en el pasado. De hecho, alrededor de un año después de mudarnos a Missouri, unos muchachos habían pasado por nuestra casa en auto varias veces y habían destruido el buzón. Incluso habían retrocedido hasta pegar la

Fugitiva amish: el gran escape

esquina de la casa para asustarnos. Recuerdo haber estado despierta de noche preguntándome si alguien odiaría a los amish tanto como para prenderle fuego la casa. Por unos segundos, sentí satisfacción por la oportunidad de romperle el buzón a otro por lo que había pasado con el nuestro. Se me había enseñado a no vengarme, pero mientras me limitaba a ese tipo de pensamientos y no se los contaba a nadie, pensaba que estaría bien.

Volví a casa por otro camino esa noche para no tener que ver el cerdo dañado. No quería ver si los dueños ya lo habían descubierto. En cierto sentido, estaba enojada conmigo misma, pero estaba tratando de encontrar la manera de culpar a mi datt por el accidente. Jamás tendría que haber comprado una yegua tan terca, especialmente porque nadie la quería. En el fondo sabía que yo era la única culpable pero en el momento prefería culpar a otro.

Decidí no contarles a mis padres lo que había pasado ese día porque no quería enfrentar el juicio de Datt. Se me contrajo el corazón una semana más tarde cuando el tío Jacob y su esposa fueron de visita y se pusieron al tanto con los chismes. Tenía miedo que les contaran a mis padres, así que los evité por si mi presencia les recordaba lo que había sucedido. Estaba casi segura de que el tío Jacob no se olvidaría, pero me escondería cada vez que viniera para que no hiciera memoria. Después de cada visita de su hermano, temía que Datt me buscara y me preguntara del tema. Después de todo, había empeorado la situación no solo al esconder el hecho de haber chocado el buzón sino por no haber confesado en seguida. Sin embargo, la vida siguió adelante y nunca se dijo una sola palabra más acerca de ese día, pero llevé la carga por un año entero antes de sentirme segura de que Datt nunca se enteraría.

§

La cosecha terminó en North Dakota y me volví a Texas, donde casi era de hora de comenzar el próximo capítulo de mi vida. Tenía la sensación de que mis días de trabajar en el campo estaban contados, pero estaba ansiosa por comenzar mis estudios superiores al fin. Cosechar hectárea tras hectárea de trigo me dio mucho tiempo para pensar en mi niñez y en especial mi adolescencia. Ser libre me recordaba que Dios siempre me estaba cuidando, aunque yo no lo supiera, y que me había guiado al mundo exterior donde quería que estuviera. Pensar en la libertad que tenía ahora me llenaba los ojos de lágrimas. Le agradecí a Dios por la oportunidad de manejar una cosechadora y lo comparé con mi época de simple campesina en mi casa.

Tenía dieciséis años y la tradición amish establecía que las mujeres no debían trabajar en

Fugitiva amish: el gran escape

el campo. Pero a mí no me importaba —¡me encantaba! A mis dos hermanos mayores, Jacob y Sammie, no les gustaba la agricultura. Así que Jacob consiguió trabajo en un aserradero amish haciendo listones para paletas. Sammie y yo cambiamos tareas cuando se quejó de tener que trabajar en el campo para preparar la siembra de primavera. Por mi parte, no me gustaba pasarme todo el día sentada en el taller haciendo cestas. Sammie prometió que trataría de hacer mi trabajo lo mejor posible para que Mem no me extrañara demasiado. Las ventas de las cestas producían el principal ingreso de nuestro hogar y las mujeres hacían la mayor parte del tejido. Datt fumaba su pipa todo el día y esperaba que las cosas se hicieran sin su ayuda. Yo pensaba que la razón por la cual había tenido tantos hijos era para que hicieran todo el trabajo y le sirvieran como a un rey, según la costumbre de las familias amish.

Mientras Sammie se ocupaba de tejer las cestas, yo me dediqué de lleno a arar los campos. No tardé mucho en aprender a usar un arado John Deere tirado por cuatro grandes caballos belgas. No sé cómo decidí que podía manejar cuatro caballos cuando me costaba con uno solo, pero el hecho de que Datt me confiara con sus bebotes era sorprendente. No obstante, las cosas empezaron bien y pude seguir así.

Emma Gingerich

No tenía mucha libertad como muchacha amish, así que estar en el campo sola todo el día era como estar de vacaciones. Nadie me mandoneaba; de hecho, yo mandoneaba a los caballos. Eso me daba mucha satisfacción y de pronto me di cuenta cómo debió haberse sentido Rhoda. Pero no hacía falta mandar mucho —los caballos sabían lo que tenían que hacer. Miraba el cielo azul y agradecía al Buen Hombre por darme la oportunidad de estar ahí sola, a un kilómetro de la casa.

En cuanto creí que tenía todo bajo control, Rhoda decidió que ella también quería probar el arado. Por supuesto que tuve que ceder y dejar que probara. En nuestra familia teníamos una edad determinada para hacer ciertos trabajos, pero a Rhoda le dejaban hacer todo lo que yo hacía. No tenía que esperar hasta cumplir la edad. En cuanto tuve la edad para cocinar tartas, que era lo único que me gustaba hacer en la cocina, Rhoda me lo quitó. Ahora quería empezar a arar, pero no pensaba permitir que me quitara eso también. Desafortunadamente, no tenía voz ni voto en el asunto y, como mis padres la favorecían y se hacía lo que ellos decían, decidieron que Rhoda era lo suficientemente grande como para arar.

No tuve que sufrir demasiado, sin embargo, porque Rhoda se dio por vencida después de la primera hora en el campo. No

Fugitiva amish: el gran escape

podía hacer que los caballos avanzaran; no importaba lo que hacía, no la escuchaban. No la vi ese día, pero supe que de algún modo los caballos se habían enredado en las riendas y el arnés. Estaba contenta de que Rhoda oficialmente ya no fuera granjera. Recuperé mi trabajo y aré los diez días siguientes, menos el domingo. No me cansaba nunca. Me gustaba hablar con los caballos, alabándoles por favorecerme al no cooperar con Rhoda. Cuando los caballos descansaban, me bajaba del arado y caminaba descalza por el suelo húmedo. Los terrones recién removidos eran suaves y frescos bajo mis pies. Mi contentamiento y gozo llegaron a un fin abrupto cuando me llegó la menstruación y Mem ya no me permitió arar los campos.

§

Odiaba esta parte del mes. Las reglas amish exigían que las mujeres bajaran el ritmo durante la menstruación, se quedaran en casa y solo realizaran tareas livianas. Esto me costaba todavía más en el verano cuando había tanto para hacer afuera. En el verano todos iban descalzos salvo esos días espantosos; entonces tenía que usar zapatos durante toda una semana entera.

Mis hermanos me preguntaban —¿Por qué llevas zapatos? —y no podía contestar porque no me correspondía explicar. Nadie me habló nunca del tema; ¿por qué habría de hablarles de eso yo?

No tenía idea de lo que estaba pasando la primera vez que empecé a sangrar cuando tenía once años. Pensaba que estaba enferma de muerte. No tenía la confianza suficiente para decirle a Mem, pero después del segundo día de terror, por fin lo hice.

—Ah, sí —me dijo—, ahora serás *gluk* todos los meses. —(*Gluk* significa una gallina que empolla los huevos).

Me mostró unas toallas Kotex y me dijo que las usara.

—Otra cosa, avísame cada vez que eres *gluk* —agregó antes de volver a la máquina de coser.

No sabía qué pensar. ¿*Gluk*? Qué palabra tan horrible. *¿Por qué se lo tengo que decir?* Me daba vergüenza pero ¿para qué? Tenía muchas preguntas, pero no era fácil hacerlas. Mi vida cambió después de eso y cada vez que me venía la menstruación tenía que quedarme en casa dos días y Mem no me daba tareas que exigieran mucho trabajo pesado. Una vez una amiga me dijo que si las mujeres no se cuidaban durante la menstruación, se enfermaban mucho y terminaban discapacitadas.

Después de un par de menstruaciones más, empecé a preguntarme si ninguna madre le

Fugitiva amish: el gran escape

informaba a sus hijas de que sus cuerpos se convertían en monstruos sangrientos una semana de cada mes. Me llevé un gran susto cuando la vi a Rhoda con zapatos un caluroso día de verano. *Uy, soy su hermana mayor. ¿Tendría que haberle advertido antes de que le viniera? No sé.* Sospecho que Rhoda sabía algo porque me había visto sufrir un año. No parecía para nada preocupada. Siempre encontraba la manera de arreglárselas. Sin embargo, me daba lástima.

§

Además de tener la edad para trabajar en el campo con los caballos y manejar al pueblo para hacer las compras, también tenía la edad para trabajar como empleada doméstica. Ser muchacha adolescente es como ser una madre esclava de los niños de otras familias. Antes de casarse, las muchachas tenían la oportunidad de trabajar para otras familias que necesitaban ayuda con un recién nacido o necesitaban quien cuidara a los pequeños mientras sus padres visitaban a sus familias y amigos en otros pueblos.

Trabajé para una familia amish con ocho niños. Me pagaban $1,50 por día pero tenía que darles el dinero a mis padres; no se me permitía guardar ningún dinero hasta que cumpliera veintiún años. Tenía algo de experiencia por ayudar a los vecinos, pero esta vez la familia

Emma Gingerich

vivía a casi treinta kilómetros de distancia, un viaje de dos horas en carro a caballo. Normalmente me encantaba estar fuera de casa, pero esta vez no sentía nada de entusiasmo.

Los padres partieron hacia Michigan para visitar a parientes y amigos y pensaban estar afuera más de dos semanas. Se llevaron al hijo de dos años, pero me dejaron a cargo de una beba de ocho meses llamada Edna y seis niños más. El mayor iba a quinto grado.

¡Ahí sí tuve que madurar de golpe! Tenía solo diecisiete años en ese momento. Tuve que guardar mis expresiones de niña dulce y poner cara de mamá mala. Creía saber todo sobre la crianza de los niños por haber cuidado a mis propios hermanos, pero cuando quise atender a niños ajenos, mi pequeño mundo se volvió patas para arriba.

Además de cuidar a los niños, tenía que preparar tres comidas al día, lavar la ropa, ordeñar las vacas, alimentar a las gallinas, darle el biberón a dos terneritos Holstein, preparar compota de manzana, hacer conservas de peras, preparar almuerzos y mandar a los niños a la escuela. La lista era interminable. Un empleado hacía las tareas por la mañana para que me pudiera quedar en la casa para preparar el desayuno y ayudar a los niños revoltosos a prepararse para la escuela. Al principio me pareció que sería fácil hacer todo cada día si

Fugitiva amish: el gran escape

hacía una lista. ¡Gran error! Jamás podía predecir cómo saldría el día. Mirando hacia atrás, ¡debo decir que esta experiencia ayudó a prepararme para la realidad de la vida!

Una pila interminable de ropa sucia desbordaba el lavadero el primer lunes después de que se fueron los padres. Estaba segura de que me estaba volviendo loca. Quería juntar a los niños y llevarlos a nuestra casa hasta que sus padres volvieran. Habría sido mejor que lavar la ropa. Me dio la sensación de que la madre no lavó la ropa a propósito la semana anterior porque sabía que la sirvienta lo haría. Había mucha gente en nuestra casa pero jamás había visto semejante montaña de ropa para lavar. Lavé de las ocho de la mañana hasta las cinco de esa tarde. Me quedé sin voz por el estrés —mi cuerpo tenía una manera extraña de reaccionar.

Los amish tienen lavarropas conectados a pequeños motores a gasolina, pero hay que calentar el agua en una pava grande y llevarla al lavarropas. Cuando la ropa se ha agitado lo suficiente en el agua, hay que sacar las prendas una por una y pasarlas por un escurridor para sacar el agua excedente.

Tenía que tender cada prenda para que se secara y la pobre beba lloró constantemente ese día mientras yo lavaba la ropa. Al día siguiente estaba enferma. Casi siempre lloraba durante la noche, manteniéndome despierta casi hasta

Emma Gingerich

hacerme llorar. Me acordé de echar sal de mesa en su cama para que no extrañara demasiado. Al sacar el salero y echar sal en todo el colchón, me preguntaba cómo alguien podría creer que realmente funcionaría. Era algo que solía hacer para mis hermanos cuando mis padres se iban por más de una semana. No creo que haya ayudado, pero estaba desesperada por encontrar una solución y estaba dispuesta a probar lo que fuera.

Como si encargarme de los quehaceres domésticos no hubiera sido suficiente, la familia también me había encargado la venta de los huevos de la granja. Tenía que lavar huevos todos los días para asegurarme de que estuvieran listos para la venta si había clientes. No me gustaba cuando alguien pasaba, pero ocurría varias veces al día y tenía que dejar todo para atender a los clientes. Un día estaba cubierta de pies a cabeza con harina por amasar el pan cuando alguien tocó a la puerta. *No tengo tiempo para esto* —pensé impacientemente—, pero enseguida dejé todo y me limpié las manos. Camino a la puerta la beba Edna comenzó a llorar. La levanté del piso sucio y atendí la puerta.

—Hola —le dije a un anciano que esperaba pacientemente en la entrada.

Fugitiva amish: el gran escape

Me miró por un largo momento. Empecé a ponerme nerviosa, preguntándome qué estaría mal.

De golpe sonrió y sacó un pañuelo limpio mientras decía: —Tienes la cara cubierta de algo blanco.

—Sí, debe de ser harina blanca —contesté—. Estoy tratando de preparar el pan y la beba sigue llorando así que paso las manos por todas partes.

Me limpió el rostro suavemente con el pañuelo que olía a limpio y después me preguntó dónde estaban mis padres.

—Salieron de viaje y estoy cuidado a los niños.

—Por Dios, ¿no necesitas que alguien te cuide a ti? —Parecía sorprendido—. No te ofendas, pero pareces tener doce años.

—Con estos niños haría falta más de una persona que las cuide —reí—. Tengo más de doce, pero de poco me sirve.

—Sí, te entiendo. He estado aquí muchas veces y sé cómo son las cosas. Si supiera dónde están los huevos podría ahorrarte algo de energía y buscarlos yo mismo.

—Se los puedo buscar. No hay problema.

Fui rápido al sótano con la beba todavía en brazos. Volví con las tres docenas de huevos que me había pedido.

Emma Gingerich

Me sorprendió al decir: —Las cosas siempre van mejor si oras mucho.

Siempre oro silenciosamente y nada parece cambiar nunca —pensé para mis adentros algo enojada. *Tal vez lo esté haciendo mal.* Sonreí cortésmente y dije: —Oraré más seguido.

Miré mientras caminaba por el césped hasta su vieja camioneta Dodge. Cojeaba un poco y tenía las piernas arqueadas. Me preguntaba si me había dicho que orara porque pensaba que los amish no oraban o si en realidad pensaba que yo me veía bastante mal. Busqué un espejo y mi reflejo confirmó esto último: me veía agotada y mis ojos verdosos me miraban, rojos y hundidos por dormir poco. Un mechón de cabello castaño asomaba por debajo de la cofia, que estaba torcida sobre mi cabeza, y tenía harina blanca sobre mejillas pálidas, como si me hubiera caído en un molino. Que supiera, yo era la única de mi familia que oraba, aparte de Datt, que lo hacía en silencio antes y después de cada comida.

Todos los niños que cuidaba habían recibido una lista de tareas para hacer cuando volvían de la escuela, pero después del segundo día todos decidieron pasarlas por alto. Entraban a los pisotones, tiraban sus loncheras en el piso delante del fregadero y salían corriendo para jugar o pelearse entre ellos. Los niños se peleaban mucho y hacían un infierno de mi vida. Traté de hacer las paces entre ellos, pero no me escuchaban. Después de todo, para ellos yo no era nadie. Cada vez que les pedía que jugaran con la beba o que llevaran leña para el horno, se la pasaban tratando de ver a quién le tocaba, terminando en un caos total. En comparación con estos niños revoltosos y ruidosos, mis hermanos eran perfectos angelitos, por más que a veces también se pelearan.

Sabía por vivir en la misma comunidad que esta familia que los niños sufrían mucho más abuso físico y emocional que mis hermanos. Llegué a la conclusión de que, como los padres no estaban en casa, los niños querían unas vacaciones de sus días frenéticos y sentí algo de lástima por ellos.

Durante el frenesí de esas dos semanas siempre tenía platos que lavar, pisos que barrer, pañales sucios que cambiar y desórdenes que enderezar. Anhelaba un momento de aburrimiento pero no llegaba ninguno, ni siquiera de noche. Todas las noches, al mecer la beba en mis brazos para dormirla, me preguntaba cómo me habría metido en esa situación. Esta experiencia estaba muy lejos de la vida que quería. Ya estaba al borde de un colapso nervioso por lo que vivía en mi propia casa y sabía que si seguía siendo amish se esperaría que trabajara para otras familias o me dedicara a enseñar. Cuidar la casa y los niños de otros era una manera de prepararme y de aprender los valores de ser ama de casa. Después, *¡bum!* Antes de darme cuenta sería hora de casarme y empezar mi propia familia. Por ser mujer amish, no había tiempo para sencillamente existir y disfrutar de la vida. Empecé a darme cuenta de que no quería tener nada que ver con eso. Quería disfrutar algo de libertad antes de comenzar mi propia familia y, si algún día tenía hijos, quería criarlos en un ambiente diferente. ¿Cómo era posible que los padres pensaran que muchachas tan jóvenes podrían asumir semejante responsabilidad de ser madre y padre de sus niños revoltosos?

Miré a la dulce e inocente beba que dormía plácidamente en mi regazo y decidí que debía dejar de lado todos los pensamientos negativos e irme a la cama. Ya casi era la medianoche y estaba tan agotada que me podría haber dormido llorando, pero controlé mis emociones lo mejor que pude. En cinco horas me tendría que levantar y hacerlo todo de nuevo.

Cuidar a niños ajenos no solo era una montaña rusa emocional, sino que la turbulencia que había estado experimentando desde que comencé a participar en el cortejo y las reuniones de canto en la iglesia me había vuelto la vida todavía más intolerable. *La vida de adolescente no debiera ser tan difícil* —pensé al acostar a la beba en su cuna. *Algo tiene que cambiar.*

Capítulo 4

¿Qué significa «no»?

Guarda lugar en tu corazón para lo inimaginable.

~Mary Oliver~

Si baso mi vida en las expectativas ajenas, jamás seré feliz. O jamás seré humana. Por supuesto que cumplir las expectativas de otros los hará felices a ellos y yo debería estar feliz por su felicidad, ¿verdad? No. La felicidad viene de adentro de la persona que tiene la oportunidad de perseguir exactamente lo que concibe de su vida. Cuando era niña no quería imaginar mi vida adulta, pero no podía escaparla. Después de aceptar que de todos modos llegaría a adulta, por fin encontré la felicidad varios años después en una identidad diferente. Tuve que perseguir a algo que estaba dentro de mí hasta llegar al pozo donde Jesús estaba repartiendo agua viva.

Llegar a adulta y tener la edad de cortejar se convirtieron en mi peor pesadilla. Me di cuenta de repente un lunes por la mañana cuando la familia se sentó a la mesa como de costumbre para desayunar. Datt hizo la oración silenciosa mientras juntábamos las manos debajo de la mesa e inclinábamos la cabeza. Le eché un vistazo a Jacob y me di cuenta de que le estaba costando despertarse. Se le cerraban los ojos y la cabeza se le iba para adelante y para atrás como un pajarito mientras trataba de mantenerse despierto para preparar un plato de huevos y panqueques.

Había vuelto a casa temprano esa mañana —lo oí subir la escalera sigilosamente y entrar a su habitación en puntas de pie como una hora antes del horario de levantarse y sospeché que había tenido una cita con alguien anoche, después del canto. No era la primera vez que había vuelto tarde a casa, pero por lo general solo se quedaba hasta tarde el sábado por la noche, no el domingo también. Jamás decía una palabra sobre lo que hacía cuando se iba y no debía decirme nada hasta que yo tuviera dieciséis años y medio. Egoístamente esperaba que no estuviera de novio cuando yo empezara a asistir al canto. Quería que me guiara cuando yo empezara con el cortejo.

Mientras trataba de desayunar, mi mente daba vueltas alrededor de la confusión sobre el cortejo y la socialización. Casi tenía la edad para comenzar a cortejar, quedarme hasta tarde el domingo después de la iglesia y asistir al canto. Muchos grupos amish diferentes podrían

Fugitiva amish: el gran escape

calificarlo de *rumspringa* —la época de la vida adolescente cuando se aflojan un poco las reglas, entre ellas rituales de cortejo menos definidos. Sin embargo, nuestra pequeña versión de *rumspringa* no era tan fácil y divertida como suena porque, de todos modos, siempre habría alguien para juzgar y criticar.

Ya mencioné que mi comunidad amish no permitía el *rumspringa* y no recuerdo haber oído la palabra cuando me tocó comenzar el cortejo. Nuestros padres nos enseñaron desde una edad muy temprana lo que sí y no podíamos hacer. Los varones podían salir el sábado y el domingo por la noche. Las mujeres solo podían socializar el domingo, con la excepción de los pocos feriados que celebrábamos. A las mujeres tampoco se les permitía pasar tiempo juntas; no existía nada parecido a una «salida de mujeres». No podían pintarse las uñas ni hacerse peinados ni comprar ropa, alhajas, carteras ni hacer ninguna otra cosa que les gusta hacer juntas. Las muchachas amish no esperaban otra cosa que casarse y criar una familia. A mí no me atraía ese tipo de futuro. Se esperaba que las mujeres amish fueran siempre sumisas; era la única manera correcta de actuar. Las mujeres siempre habían sido sumisas y por lo tanto lo seguirían siendo siempre.

Tampoco quería que llegara el cortejo porque también llegaría el momento de bautizarme. Ya me costaba lo suficiente entender por qué íbamos a la iglesia y ni que hablar de por qué la comunidad esperaba que nos bautizáramos. Para los dieciséis años, mi vida se había vuelto muy complicada. Parecía que a todos los demás de mi edad les gustaba ir a la iglesia y convertirse en jóvenes adultos maduros. A todos menos a mí. No podía evitar sentimientos de culpa: no quería comprometerme con el estilo de vida normal de una muchacha amish y anhelaba ser libre de todas las reglas y las órdenes. Los amish esperaban que siguiera sus costumbres sin cuestionarlas mientras me preparaba para ser un miembro sumiso de la iglesia a los dieciocho años. No estaba lista para hacerlo. Sentía que sería castigada por pensar así. Sabía que mis padres no estarían contentos si supieran lo que realmente sentía acerca de la religión amish.

Los amish controlaban tanto a la generación joven que era casi imposible no sentirse culpable por pensar en deseos mundanos o, peor aún, en escaparse. Mientras que todavía no se haya bautizado, el rechazo que sufre la persona que sale de la comunidad es menos intenso.

Bautizarse en la iglesia amish significa comprometerse de por vida a defender la disciplina de la iglesia. Los jóvenes amish se bautizan a los dieciocho años de edad y después se espera que actúen como adultos, sumisos a las

Fugitiva amish: el gran escape

reglas. En verdad no podía hacer semejante promesa. Era demasiado rebelde y quería mucho más de lo que la vida amish me podía ofrecer.

Los jóvenes que se están preparando para el bautismo deben visitar a los predicadores en un cuarto privado cada domingo por la mañana mientras se entonan los primeros cantos en la iglesia. Aun después de bautizarse, jamás oí a nadie hablar de la experiencia del proceso que duraba dieciocho semanas. Tampoco les pregunté nunca a mis hermanos y por supuesto que no ofrecieron contármelo. Es como que nadie quiere romper el silencio por temor a que Dios los castigue. Yo sabía que si me bautizaba perdería tantas oportunidades en la vida.

De algún modo Jacob logró terminar de desayunar esa mañana y yo sentí aún más el deseo de no bautizarme. Más tarde, cuando Jacob se había ido a trabajar, comencé mi semana repleta de tareas, haciendo cestas en el taller. Mientras trabajaba pensaba en como Jacob no se quejaba de estar cansado después de haber estado afuera toda la noche. Y enseguida pensé que el próximo domingo la comunidad y mi familia esperaban que yo asistiera al canto y comenzara con el cortejo. Los demás sabían que tenía la edad para hacerlo y yo ya sentía la presión de empezar a hacer lo que se esperaba de mí. No sabía cómo lo iba a manejar porque sería tomar un paso más hacia convertirme en adulta o por lo menos a actuar como si lo fuera. Quería hablar con Jacob de lo que él pensaba de la iglesia y de la reunión de canto, pero me daba vergüenza. Probablemente ni siquiera cuestionaba hacia dónde iba su vida como lo hacía yo.

Durante el servicio religioso del día anterior me había costado mantenerme despierta en el banco y escuchar al predicador. Honestamente, en realidad no había escuchado nada y no tenía la menor idea de lo que estaba diciendo. Después de tres horas de soportar el zumbido de palabras incomprensibles, estaba demasiado aburrida. Siempre me sentía así en la iglesia porque la Biblia amish está en un lenguaje alemán distinto al que se habla en la vida cotidiana; esto me frustraba. Una vez le dije algo a Datt acerca de no entender lo que se predicaba en la iglesia. Su respuesta fue que algún día lo entendería si me esforzaba más. ¿Esforzarme más? ¿En serio? Mi familia nunca hablaba de Dios abiertamente, así que ni siquiera estaba segura de lo que debía creer. Me preguntaba: *¿Habrá un Dios o solo estoy oyendo reglas humanas?* Para cuando llegué a la edad del cortejo, me había dado cuenta de que, de hecho, algunas de las reglas no estaban en la Biblia.

Muchas veces me pregunté de dónde habían salido las costumbres amish, como por

Fugitiva amish: el gran escape

qué las mujeres tenían que usar vestidos largos y cubrirse el cabello. Los días de iglesia eran todavía peores. El domingo por la mañana era un día especial para las mujeres amish ya que había que levantarse temprano para preparar a los niños para la iglesia. Siempre era esencial que mis hermanas y yo usáramos nuestro mejor vestido de domingo con capa y delantal blancos almidonados. Los varones tenían que usar su mejor pantalón dominguero con una camisa blanca. Teníamos que asegurarnos de que todo estuviera perfecto porque había tantos ojos penetrantes esperando encontrar algún defecto del cual quejarse. La gente era muy criticona, en especial las mujeres mayores que no tenían nada mejor para hacer. Siempre supuse que las personas más criticonas tenían una vida infeliz y no tenían ninguna intención de que le fuera mejor a otro.

La iglesia era una tradición muy grande y en nuestra familia la única excusa por no ir el domingo era estar enfermo; había que ir, sí o sí.

Había reglas para todos los detalles de la preparación del servicio religioso y esas reglas no cambiaban nunca, incluso dónde había que sentarse. Los hombres entraban a la casa y se sentaban por orden de edad, los más ancianos primero. Los hombres casados se sentaban de un lado de la sala. Del otro lado había una fila de las mujeres más ancianas. Después estaban las mujeres que todavía no estaban casadas, de frente a los hombres. Los muchachos jóvenes se sentaban delante de las mujeres, también de frente a los hombres casados. El resto de la gente se sentaba en la cocina, lo que incluía a los niños pequeños que se sentaban con sus madres.

El servicio solía comenzar a las nueve de la mañana del domingo y terminaba a las 12.30 del mediodía. Después de que todos habían consumido la comida habitual de *gma sup* (sopa de iglesia), que consistía en leche, manteca, habas y pan, acompañada por remolachas dulces y pepinillos en escabeche, eran como las tres de la tarde. Siempre me preguntaba por qué nadie cambiaba el menú —comer lo mismo cada domingo me hartaba. No me animaba a pedir un cambio porque suponía que la comida tendría algún significado sagrado y no quería ser la niña que arriesgara su fe.

Una vez servido el almuerzo, las muchachas y las mujeres tenían la tarea de lavar la inmensa pila de vajilla y secarla a mano, plato por plato y tenedor por tenedor. Los hombres la tenían bien clara: no tenían que levantar un dedo después del servicio. Podían charlar y divertirse afuera mientras las mujeres se encargaban de cocinar, lavar y atender a los niños que lloraban.

Al crecer, me di cuenta que los líderes de la iglesia eran sus propias autoridades legales, y esperaban que los miembros siguieran el proceso sin cuestionarlo. La mayoría de la gente era demasiado ignorante para dase cuenta de que hacía muchas generaciones que los hombres dictaban su forma de religión para su propio beneficio. Habría sido más fácil de aceptar si los líderes de la iglesia —y en consecuencia los padres que seguían la tradición religiosa— no les hubieran lavado el cerebro a los niños para pensar que no obedecer las reglas entorpecería su relación con Dios. Muchas veces me sentí así porque rompía tanto las reglas.

Cuando preguntaba acerca de las reglas, Datt me decía que la iglesia seguía los requisitos escritos en la Biblia. Pero yo tenía muchas preguntas cuyas respuestas no se encontraban en la Biblia. ¿Por qué no podíamos tener un inodoro con agua corriente? ¿Por qué no podíamos tener electricidad? ¿Por qué no podíamos pagarle a un conductor para que nos llevara al pueblo a hacer mandados? ¿Por qué las paredes de la casa siempre tenían que ser blancas? ¿Por qué no podía seguir estudiando más allá del octavo grado? ¿Por qué había una bomba de agua junto al lavamanos de los hombres pero no podía haber uno donde las mujeres lavaban los platos? Perdí la esperanza de que se me contestaran las preguntas. La única respuesta que recibía era: —Siempre ha sido así y Dios nos castigará si lo hacemos de otro modo. —Lo creí por mucho tiempo. A lo mejor la Biblia no podía contestar esas preguntas, pero en el fondo yo sabía que si hacíamos algo de otro modo, se consideraría «deseo mundano».

Mientras seguía luchando con una vida que no me satisfacía, tuve un nuevo dilema al embarcarme en el juego del cortejo. Cuando llegué a los dieciséis años y medio, los demás comenzaron a presionarme para ir al canto. No tenía opción. Por fin decidí fingir que quería empezar para que no sospecharan de mí y comenzaran a comentar mi disgusto con estas tradiciones.

Un domingo por la mañana, después de haber lavado los platos del desayuno y de haberme vestido para ir a la iglesia, bajé la escalera y fui a la sala donde mis padres se estaban preparando para el día. Era tradicional pedir el permiso de los padres para asistir al canto. Siempre me había sentido más cómoda con Mem, así que se lo pedí a ella. Sonrió y dijo: —Tienes que preguntarle a tu Datt.

—Eso me suena conocido y lo detesto —dije por lo bajo—. Juro que cuando tenga hijos esa frase se verá muy limitada.

A Mem se la veía más bien feliz de que su hija mayor por fin estuviera lista para tomar este próximo paso en la vida. Datt estaba sentado en su silla habitual, fumando la pipa. No me pareció que hiciera falta preguntar —ya me había oído hablarle a Mem.

Fugitiva amish: el gran escape

Me miró fijamente por lo que pareció una eternidad.

—Ajem —carraspeó y luego dijo—: No pensaba dejarte comenzar todavía pero, como últimamente te has portado tan bien, supongo que está puedes quedarte para el canto.

La pipa despedía humo intenso y vi, muy vagamente, la sospecha de una sonrisa que es esbozaba en su rostro. Mis padres parecían estar excepcionalmente contentos con mi decisión. Me preguntaba por qué. Datt tenía razón en cuanto a mi buena conducta reciente, solo porque sabía que si no me portaba bien empezaría tarde con el canto y todos se enterarían del por qué. No soportaba cundo la gente hablaba a mis espaldas o peor, me juzgaba. Si alguien se metía en un lío, los padres podían castigar a sus hijos prohibiéndoles que fueran al canto durante dos o tres domingos. Sin embargo, el verdadero castigo no era faltar al canto, era la vergüenza causada cuando los demás se enteraban de la razón del castigo.

§

La primera vez que fui al canto todo empezó de lo más bien y tuve muchos menos nervios de lo que esperaba. Todos se juntaron alrededor de una mesa larga en la cocina y las lámparas de aceite brillaban mientras cantábamos. Los varones se sentaban de un lado de la mesa y las mujeres del otro. No había acompañamiento instrumental y cantamos todas las canciones en alemán. Un solista cantaba la primera palabra de cada verso y todos nos uníamos para terminarlo. Algunos de los cantantes lucían su talento, pero yo no. Por más que la velada hubiera comenzado bien, habría preferido estar en casa ordeñando una vaca que tratar de evitar las miradas de los muchachos que se preguntaban si me podrían acompañar a casa.

El canto solían terminar a las 9 de la noche, después de lo cual los varones ponían los caballos en los carros. Los que tenían novia la llevaban a casa personalmente. Los que no tenían novia generalmente ofrecían de llevar a sus primas o vecinas. Sin embargo, típicamente, varios muchachos se juntaban para decidir cuáles de los solteros deberían juntarse para una cita. Hacían de casamenteros y negociaban con el varón y la mujer escogidos. Eran los intermediarios y no permitían que el muchacho le pidiera una cita a la chica en persona. Una vez que el muchacho aceptaba llevar a una chica en particular, ésta estaba obligada a seguirle la corriente a menos que tuviera una buena excusa por no poder salir con él. Era muy difícil hacerse de esas excusas.

Desafortunadamente, descubrí que Jacob tenía novia, lo cual significaba que no podría llevarme a casa. Me sentía frustrada. No había

Fugitiva amish: el gran escape

tenido la oportunidad de pasar tiempo con él antes de empezar a asistir a las veladas de canto y hubiera querido conversar con él acerca de lo que me esperaba. Esa noche quería sentir que tenía un hermano mayor que cuidaría a su hermana.

Al final nadie me escogió para una cita así que mi primo Eli me llevó a casa esa noche. Llegué a mi habitación alrededor de la medianoche y Jacob llegó un poco más tarde. Sentí crujir los escalones a pesar del sigilo con que subía Jacob para no despertar a nadie. Esperaba que fuera a mi habitación para preguntarme cómo me había ido en mi primera experiencia dominical, pero no lo hizo. Mi hermano era muy bondadoso, pero nuestra familia no se destacaba por su destreza comunicativa. No sé por qué esperaba que mi hermano me hablara cuando sabía que no era lo que se hacía en mi familia. Se suponía que debíamos guardar silencio y resolver los temas a medida que se presentaran. Mi frustración con este silencio no hizo más que aumentar con el paso del tiempo.

Así como estaba, con el incómodo vestido dominical todavía puesto, me eché en la cama, fijando la vista en la oscuridad. *Señor, estoy tan agotada* —pensé. No necesitaba ayuda cuando se trataba de romper las reglas para comprar una radio prohibida pero, cuando se trataba de tomar la vida en serio, anhelaba tener a alguien con quien hablar. Muchas de mis amigas eran un poco mayores que yo así que me llevaban la delantera, pero no parecían tener preguntas acerca de la vida en general. Seguían la corriente y yo también intenté hacerlo, pero reprimir las preguntas no me funcionaba bien. *¿Qué me pasa?* Trataba de ser feliz, pero en lo profundo de mi corazón estaba llorando.

La idea del cortejo me daba miedo; no tenía la más mínima idea de cómo sería una cita. Solo sabía que el muchacho llevaba a la chica a la casa y se quedaba con ella en su habitación el sábado o el domingo por la noche. Si una pareja empezaba se ponía de novio, solo podían pasar una noche juntos cada dos semanas. Aunque sabía estas cosas, todavía me preguntaba: *¿Qué hacen cuando están juntos?* No tenía hermanas mayores que me enseñaran y mi madre jamás me decía nada. No creía que sirviera de nada preguntarle porque me contestaría como siempre: —Aprenderás por tu propia cuenta algún día. — Me estresaba más decirle a Mem lo que estaba pensando que guardármelo para mis adentros. Por fin me levanté de la cama, me puse el camisón y soplé las suaves llamas amarillas de la lámpara de aceite. Pensé que estaban tratando de mostrarme un atisbo de esperanza con su parpadeo al apagarse. Agotada por mi primera

Fugitiva amish: el gran escape

velada, me metí en la cama y en seguida me dormí.

§

La próxima semana pasó como de costumbre: con trabajo, trabajo y más trabajo. Llegó y pasó otro domingo desdichado, con velada de canto incluida. La mañana del lunes siguiente tejí cestas como siempre con Mem y mis hermanas. Sarah y Amanda alegraban la tienda con sus personalidades divertidas y risueñas. Normalmente me encantaba reírme y bromear con ellas, pero casi ni me percaté de ellas por el cansancio de la noche anterior. Era la época más cargada del año: siempre parecía que la gente viajaba mucho para el 4 de julio y nuestras cestas se vendían a lo loco en el puesto al borde de la carretera. Además, habían llegado más pedidos que nunca por correo y nos costaba mantenernos al día. No podía darme el lujo de estar cansada y quería ser como mi hermano mayor y no quejarme, pero no lo podía evitar. Cada ruidito de la cestería parecía un choque de trenes, y el tiempo caluroso me sofocaba bajo el molesto vestido largo. Traspiraba como un pan leudante bajo una toalla. Lo único que quería era sentarme en un lugar con aire acondicionado, lejos del calor del verano y del ruido, pero el único lugar fresco era la casa de Nina, nuestra vecina inglesa. Ese pensamiento inútil murió apenas nació porque requeriría que fuera a hurtadillas, y sabía que no tendría éxito.

Mientras trabajaba, me preguntaba: *¿Estuve bien anoche?* Un argumento interminable se desataba en mi cerebro: *No, no lo estuviste.... Sí, lo estuviste.... No, no.... no sabías qué hacer.... ¿por qué no me habrá dicho...? tendrías que haber.... podrías haber.... tendrías que haber.... tendrías que haber.... tendrías que haber... basta, ¡CÁLLATE y relájate!* Hubiera querido que mi cerebro tuviera una válvula de cierre o que pudiera ganar mis discusiones íntimas.

La noche anterior había pasado algo que esperaba que no sucediera nunca. Si alguien hubiera abierto la boca para decirme qué se suponía que pasaría, la vida habría sido mucho más fácil de soportar y no me habría sentido como una idiota.

Después del canto, tres muchachos se me acercaron y me preguntaron si estaría dispuesta a salir con Abraham. Todos lo llamaban por su apodo, Abe. Mi temor se había vuelto realidad. *Un chico me invitó a salir... ¿y ahora qué?* La idea de volver a casa en un carro con Abe me ponía nerviosa.

—No, no quiero salir con él —contesté con la esperanza de que se fueran y me dejaran tranquila.

Fugitiva amish: el gran escape

—Tienes que hacerlo. Es tu primer *schnitz* y Abe es el chico perfecto para ti.

—No, no estoy lista todavía —balbuceé.

—Jamás estarás lista, así que mejor hazlo de una buena vez —me discutió uno de los muchachos.

No sabía si debía seguir diciendo que no o simplemente aceptarlo. Sentía que ya se habían decidido y que no tenía alternativa. Guardé silencio durante diez minutos y los chicos no se movieron, esperando una respuesta. Como estaba oscuro, no podía verles la cara muy bien, pero sabía que me estaban mirando y me sentía incómoda.

Finalmente, el chico más bajo con voz grave rompió el silencio: —No nos iremos sin que digas que sí.

Me di por vencida. —Está bien, lo haré. —La cabeza me daba vueltas mientras las palabras salían de mi boca.

Abe era un muchacho alto y apuesto, varios años mayor que yo. Ya tenía mucha experiencia en el cortejo y yo sentía que no era lo suficientemente buena para él; además, era mi primo segundo. No entendía por qué todavía estaba soltero. La mayoría se casaba para los diecinueve o veinte años de edad.

Contentos con mi decisión, los chicos se apresuraron en volver al granero, donde Abe esperaba mi respuesta. La primera cita se conoce como *schnitz*, que significa «primer beso» y ahora estaba volviendo a casa con el soltero más codiciado. Y no tenía la más mínima idea de lo que debía hacer. Estaba segura de que iba a hacer algo mal entre entonces y la mañana siguiente. Desde mi primera experiencia en las veladas de canto, Jacob no había hecho ningún esfuerzo por hablarme de lo que se esperaba de mí. Estaba desesperada porque ni siquiera sabía si las reglas permitían que se lo preguntara. ¿Cuánto le podía costar decirle a su hermana lo que se esperaba de ella? Esto no era una simple salida con cena y cine; era una cita complicada que había que manejar por cuenta propia.... Esperé afuera, nerviosa, con un grupo de chicas y, aparte de hablar un poco en voz baja, estaban excepcionalmente calladas. Se hizo evidente que no tenían ninguna intención de decirme lo que estaba por pasar.

    Mientras trataba de procesar la idea de que Abe me llevara a casa, un carro se acercó y alguien me llamó por mi nombre. No podía ver nada aparte de la linterna colgada en el costado del carro. Emitía una pequeña luz amarillenta y proyectaba sombras espeluznantes en el suelo. Caminé por la hierba hasta el carro, me subí y me senté al lado de Abe. Algunos de los chicos nos gritaron algo y nos cegaron con una luz mientras Abe sacaba el carro de la entrada.

Fugitiva amish: el gran escape

Estaba tan nerviosa que no tenía idea de lo que estaban gritando los muchachos.

El camino a casa no presentó inconvenientes pero mi estómago daba vueltas como un pescado en la orilla del río. Abe lo empeoró al no decir casi nada. Después de una eternidad, llegamos a la casa de mis padres. Abe se bajó, desató al caballo y lo llevó al establo. Yo subí rápido, me saqué la ropa dominguera y me puse un camisón azul abrigado que me había hecho específicamente para este momento. Mem se había encargado de que yo supiera que tenía que hacer un camisón nuevo cuando empezara a ir a las veladas de canto. Ya tenía varios camisones, pero sus colores estaban desteñidos. No me dijo nada más acerca de lo que debía hacer para prepararme, pero su sonrisa me dijo que estaba orgullosa de que su hija mayor tuviera la edad para salir. Probablemente pensaba que las veladas de canto y las citas me moldearían en la jovencita bien educada y devota que tendría que ser. Por mi parte, esperaba no decepcionarla.

Después de ponerme el camisón, me senté en la cama y esperé. Veinte minutos más tarde oí llegar a Jacob. Como estaba de novio con la hermana de Abe, Anna, tenía que esperar hasta el sábado por la noche para salir con ella. Podía llevarla a su casa el domingo después del canto, pero no podía quedarse con ella.

Emma Gingerich

Jacob subió la escalera estrepitosamente con Abe y los dos entraron en mi habitación. Me corrí contra la pared y los escuché hablar. Demasiado pronto Jacob se fue a su propio cuarto. Abe se sentó en una silla al pie de la cama y no dijo nada por un buen tiempo. Porque mis padres estaban construyendo una casa de tres plantas en ese momento, estábamos en una vivienda temporal que se convertiría en el taller. En consecuencia, mi habitación estaba formada por maderas contrachapadas y ni siquiera tenía una puerta de verdad, sino una tela que colgaba en la entrada. Cuando Jacob salió del cuarto, se hizo un silencio tan sepulcral en toda la casa que podía oír los ronquidos de mis hermanas que venían del otro lado del pasillo. En ese momento habría dado cualquier cosa por estar roncando también, pero sin Abe en la habitación.

Finalmente, Abe se sacó los zapatos y las medias y dijo:

—Es como la una y media así que supongo que es hora de acostarse.

Mi mente se puso en blanco; no sabía qué decir. Me acosté ahí mismo donde estaba. Quería abrazar la pared pero tenía miedo de que Abe pensara que no me gustaba. Sopló la llama de la lámpara y se metió en la cama, entre las sábanas. Quedé paralizada: ni siquiera podía tragar o respirar. *¿Qué va a hacer ahora?* —pensé, pasmada. *¿Se va a dormir? Es imposible*

Fugitiva amish: el gran escape

que me duerma con él acostado ahí. No tuve mucho tiempo para pensar. Se dio vuelta y me pasó el brazo por debajo del cuello. Después acercó mi cuerpo al suyo y me meció cuatro o cinco veces mientras me besaba la mejilla. Después retiró el brazo y se corrió un poco hacia el costado. Yo no podía hablar. Si Abe me dijo algo, no lo oí. Repitió este ritual tres veces más antes de parar y dormirse. Yo estaba tan tensa y asustada que no sabía qué hacer. Estoy segura de que Abe se dio cuenta de que estaba hecha una pila de nervios. Estaba tan confundida porque pensaba que esperaba que yo le respondiera, pero no estaba segura.

A las 3.30 de la mañana se despertó, se puso los zapatos y se fue a su casa. Yo me quedé despierta toda la noche y la cabeza me latía más fuerte que el corazón. Se me ocurrieron tantos pensamientos y la mayoría me decía que jamás tendría otra cita. Sentiría vergüenza el resto de mi vida si me enteraba que me había equivocado en esta cita. Estuve en la cama bien despierta, sin poder moverme, dos horas después de que se fue. De repente Mem me llamó desde el pie de la escalera —era hora de levantarse y ayudar con los quehaceres. Me senté deseando que lo que acababa de vivir hubiera sido un mal sueño. Una pesadilla.

Me vestí y bajé para ayudarle a Mem a preparar el desayuno. No dijo ni una palabra acerca de que alguien hubiera pasado la noche, pero me pareció ver un brillito en sus ojos y la sospecha de una sonrisa burlona en su boca. Su reacción me desconcertó y me sentí algo herida. Hice ruido con los platos para que se diera cuenta de que estaba molesta pero no me hizo caso. Seguro que mis padres habían oído que alguien salía temprano pero, si oyeron algo, no se dieron por enterados. Fui a la cestería con desgano esa mañana después de desayunar y sentía náuseas. Tenía un dolor de cabeza martillándome el cráneo. Hubiera querido meterme de nuevo en la cama, pero Mem dependía de mi ayuda para completar los pedidos de cestas. Después de una larga mañana distraída, frenando las lágrimas a duras penas, Rhoda llamó a todos a almorzar.

§

La vida continuó. Pasaron varios meses antes de que otro grupo de muchachos se me acercara para concertar otra cita. Esta resultó ser todavía más bochornosa que la primera. Para peor, la pareja escogida no podría haber sido peor para mí. Se llamaba Aaron. Lo había visto varias veces pero jamás le había dirigido la palabra. No tenía ningún sentimiento romántico en absoluto hacia él. Era alto y delgado, de ojos verdes y cabello rubio. Sus facciones lo hacían parecer mayor de lo que era; tenía la frente arrugada,

Fugitiva amish: el gran escape

ojos tristones caídos y la nariz muy grande. Suponía que a lo mejor tendría dieciocho años.

No se acostumbraba a que los chicos y las chicas se hablaran fuera de la iglesia si existía la posibilidad de que salieran, de modo que no haber tenido ninguna conversación previa con alguien antes de verse forzados a estar juntos en un cuarto pequeño era muy difícil, especialmente cuando no existía ninguna atracción. Aaron y yo nos sentamos en mi pieza sin decir una sola palabra, lo cual fue muy incómodo. Para entonces ya nos habíamos mudado a la casa nueva, así que tenía una puerta y paredes de verdad en mi habitación en lugar de madera enchapada. Ya no podía oír los ronquidos de nadie pero eso solo hacía que el silencio fuera mayor.

Después de treinta minutos más de silencio absoluto, Aaron hizo algo muy extraño: se levantó y se fue. Ya se había quitado los zapatos pero se los puso de vuelta, salió por la puerta y bajó la escalera de prisa. Al principio sentí curiosidad por saber por qué no había dicho lo que pensaba hacer y después pensé que a lo mejor solo necesitaba usar el baño, cosa que los hombres podían hacer en cualquier lado. Pero después de diez minutos sentí salir a un caballo y un carro. ¡Aaron se había ido! *Qué idea brillante que tuvo* —pensé. *Nadie sabrá jamás que no tuvimos una cita de verdad.* En la próxima cita le diría al muchacho que se fuera después de que todos se hubieran ido a la cama. Me acosté con una sensación de alivio tan grande que pude dormir cuatro horas antes de tener que levantarme.

Pero el próximo domingo en la iglesia noté que los jóvenes estaban riéndose y burlándose de mí por lo que había hecho Aaron. No entendía por qué irse fuera algo malo. ¿Por qué lo tuvo que contar? No tardé mucho en darme cuenta de que lo había hecho para hacerme pasar vergüenza. Me sentía dolida y enojada, no solo con él sino con todos los demás. Mi nivel de inseguridad se fue por las nubes.

§

Un mes más tarde, mi próxima cita salió mejor que las anteriores salvo que, una vez más, el muchacho no era para nada de mi gusto. Se sabía que no era mentalmente estable y que buscaba novia con desesperación, lo cual era muy obvio. Hacía demasiado esfuerzo por coquetear —ni siquiera era atractivo. Su sonrisa forzada tampoco era agradable.

Todo comenzó un domingo por la noche a fines de noviembre, después del canto; un par de muchachos se acercaron a mí y querían que permitiera que Elmer me llevara a casa para una cita. Casi me desmayo. No podía imaginarme en una cita con ese tipo. Resultaba ser que Elmer en efecto había dicho que quería salir conmigo.

Fugitiva amish: el gran escape

Discutí con los chicos un rato, diciéndoles que estaban locos por tratar de arreglarnos.

No obstante, terminé por aceptarlo. Jamás funcionaba defenderme y, después de todo, ¿no se suponía que tenía que obedecer? Elmer estaba de muy buen humor esa noche y se la pasó hablando todo el camino a casa. Había casi veinte kilómetros entre el lugar de la velada de canto y mi casa, y se tardaba una buena hora en llegar en carro a caballo. Fue el paseo en carro más largo de mi vida. Para peor, hacía frío y tuvimos que taparnos con una manta. Elmer se envolvía cada vez más. Mi punta de la manta iba desapareciendo un centímetro a la vez, dejándome expuesta al aire fresco de la noche. Me di cuenta que estaba tratando de sacármela para que tuviera que sentarme más cerca de él para calentarme, pero no quería darle el gusto. Cuanto más tiraba de la manta, tanto más me empeñaba por sentarme encima de ella. Para cuando llegamos a mi casa, tenía las piernas entumecidas de tanto hacer fuerza. Me bajé de un salto y subí la escalera hasta mi pieza. Me saqué los zapatos lo más rápido posible y sacudí los pies para que la sangre volviera a circular.

Elmer fue al establo para guardar el caballo. Después fue a mi habitación, junto con Jacob y algunos de los muchachos vecinos que me habían pedido que saliera con Elmer. Se quedaron un rato, charlando y bromeando. Me quedé muy callada, sentada en la cama con la espalda contra la pared. Después de un rato se fueron todos, incluso Elmer, que los siguió hasta afuera. Jacob esperó un rato junto a la puerta hasta que los otros estuvieran demasiado lejos para oír.

—No dejes que Elmer te haga nada —dijo en voz baja.

Antes de que le pudiera contestar, cerró la puerta y se apuró para alcanzar a los demás. Me senté en el borde de la cama, completamente aturdida. ¿Por qué dijo eso Jacob? Se lo veía un poco preocupado pero no entendía por qué. Hubiera querido hablarle a mi hermano —su advertencia me había asustado. Pensaba que si Jacob hubiera tenido alguna injerencia, no habría permitido que Elmer tuviera una cita conmigo. Descubrí durante mi cita con Elmer que no había hecho lo que se esperaba de mí en mi cita con Abe. Mi sospecha había sido cierta después de todo. Por supuesto que tuve que descubrirlo por mí propia cuenta.

Hablamos la mayor parte de la noche y seguimos la misma rutina de Abe. Esta vez respondí. Todavía me sentía rara y las tripas me daban vueltas todo el tiempo, pero Elmer no intentó hacer nada inapropiado.

§

Fugitiva amish: el gran escape

Mi cuarta cita resultó ser otro desastre. Parecía un imán de muchachos que no me gustaban y nunca tenía voz ni voto en el asunto. Henry era hermano de Aaron. Esta vez estaba preparada para que se quedara en mi pieza, por si decidía irse como su hermano. Dicho y hecho. Después de estar en la cama conmigo unas dos horas, se levantó y empezó a ponerse los zapatos, pero lo detuve. No iba a permitir que los demás se volvieran a burlar de mí en la iglesia.

—No te puedes ir todavía —le dije.

Sin decir otra palabra, se volvió a meter en la cama. Me dolió un poco que se quisiera ir. ¿Para qué aceptó salir conmigo se quería ir tan pronto? Henry pronto se quedó dormido pero yo no podía y me preguntaba si había hecho lo correcto en decirle que no se podía ir. ¿Y si solo quería ir al baño? En ese caso, probablemente pensaba que yo era una controladora.

La cita no valía la pena del tremendo dolor de cabeza que tuve al día siguiente. Deseé haber dejado que se fuera cuando primero intentó irse. No sabía qué era peor: decirle a un muchacho que se quedara cuando en realidad quería que estuviera a cien kilómetros de distancia o dejar que se fuera y abrir la puerta para que la gente se volviera a reír de mí a mis espaldas. Pero si se enteraban de que lo había obligado a quedarse, se reirían de todos modos. Cada cita que tenía parecía salir mal, cada vez de manera nueva y diferente, lo cual me hacía sentir cada vez más insegura.

No quería salir con más chicos; no valía la pena perder toda una noche de sueño por eso. Sin embargo, sí había un muchacho que me había gustado por varios años, desde la primera vez que lo vi cuando tenía doce años. Levi era alta y delgado, con buen sentido del humor y una actitud pícara. Nunca le dirigí la palabra pero deseaba de todo corazón que algún día me invitara a salir. Sus hermanas y yo éramos muy amigas y nos divertíamos cada vez que nos juntábamos. Sin embargo, mi deseo no se cumplió y mis esperanzas se hicieron añicos cuando me enteré un día que se había escapado de casa. Había dejado a los amish y se había ido a vivir a Nebraska. El único muchacho de toda la comunidad con el cual quería salir era cosa del pasado.

La fuga de Levi me asoló de tal modo que no podía comer sin tener ganas de vomitar. Quería irme de casa más que nunca. No podía dejar de preguntarme que habría pasado si Levi y yo hubiéramos empezado a salir. ¿Me habría llevado consigo? Tal vez podría haber estado llevando un jean, viendo televisión, conduciendo un auto y usando lápiz labial sin temor a ser castigada. En vez de eso, seguía siendo amish, atada por reglas sin sentido, odiando mi vida. También pensé que a lo mejor, si hubiéramos

Fugitiva amish: el gran escape

empezado a salir, los dos seguiríamos siendo amish y habríamos aceptado las reglas tales como eran. A lo mejor por fin habría sido feliz. No le dije a nadie lo desilusionada que me sentí cuando Levi se fue. Hasta le mentí a Mem y le dije que me estaba engripando cuando me preguntó por qué me veía tan pálida y triste.

§

Después de tantas citas incómodas y de odiar cada minuto de las mismas, estaba más convencida que nunca de que quería salir de los amish. Empecé a desesperarme porque me sentía atrapada entre lo que yo quería y lo que exigía la cultura amish. Fue todavía peor cuando me volví a enfermar, varios meses después de que Levi se fue. Esta vez no le mentí a Mem. Me mareaba fácilmente y tenía un extraño dolor de cabeza que no se iba. Y empecé a adelgazar. Estaba asustada, no por mi enfermedad, sino porque pensaba que Dios me estaba castigando por querer irme de casa. Mi vida era tan turbulenta que ni siquiera me entendía a mí misma. Definitivamente no podía hacer que mis padres me entendieran porque se habrían vuelto locos si hubieran sabido que me quería ir.

Mis padres me llevaron a varios médicos diferentes para tratar de descubrir la causa de mis dolores de cabeza, pero sin éxito. Seguí sufriendo un tiempo más y poco a poco me recuperé lo suficientemente para hacer un intento más con el cortejo. Para entonces tenía diecisiete años y estaba decidida a encontrar la manera de ser feliz sin dejar los amish. Pensaba que si podía encontrar algo que me diera un sentido de pertenencia, mi vida amish sería mucho más fácil. La única opción era aceptar las reglas de las salidas y a lo mejor ponerme de novia para estar de igual a igual con el resto de las chicas que tenían novio.

Mi próxima cita fue con Norman. Para darle una oportunidad más a la vida amish, fui menos reacia cuando los chicos me preguntaron si saldría con Norman. Para mi sorpresa, cuando terminó la cita y estaba preparándose para volver a su casa, me preguntó si podíamos seguir viéndonos y le dije que sí. Me gustaba Norman —era buen mozo, tranquilo y callado. Tal vez demasiado callado, porque no hablamos mucho. Era hermano de Abe, de modo que estaba saliendo con un primo segundo, cosa que no me gustaba mucho, pero era común entre los amish. Quería salir con Norman porque pensaba que si tenía novio estaría más a gusto y mi vida cambiaría, pero no fue así. Lo único que logré fue torturarme tratando de salir con alguien que me gustaba pero con quien sencillamente no había química. Por apuesto que fuera, era evidente que no estaba funcionando como había pensado. Después de casi dos meses, le «di el guante» a

Fugitiva amish: el gran escape

Norman. «Dar el guante» era la expresión que se usaba para romper con la pareja.

A medida que pasaba el tiempo, me sentía cada vez más triste y solitaria. No sabía qué hacer conmigo misma. Intenté desesperadamente encontrar algo que me hiciera feliz para poder quedarme con los amish, pero fracasé. Estaba convencida de que tenía que irme porque ya no debía seguir siendo amish. Fingir la felicidad me agotaba toda la energía. Estaba buscando algo que me faltaba, pero parecía estar fuera de mi alcance. Seguí orando y esperando encontrar a alguien que me ayudara a escaparme.

§

Me perturbaba que los amish permitieran que sus adolescentes tuvieran citas en el dormitorio de las chicas, pero era el único tipo de salida que permitían. Era una tradición de muchos años. En realidad las parejas no podían hacer otra cosa porque no se les permitía estar juntos durante el día.

Después de empezar a salir, me di cuenta lo vergonzoso que era cuando la gente inglesa quería conocer las costumbres del cortejo amish. Nadie podría entender por qué los padres permitirían que los muchachos entraran en la habitación de sus hijas para pasar el tiempo. La preocupación principal de la gente era la intimidad de los adolescentes pero se suponía que no debía ocurrir y, si lo hacía, la pareja tenía que confesarlo en la iglesia en privado con los ancianos.

Nuestra vecina, Nina, me dio su opinión un día cuando yo estaba limpiando su casa. Mientras yo comía una porción de pastel en la mesa de la cocina, empezó a preguntarme con cuántos muchachos había salido y quiénes eran.

Después de contarle de varios chicos, preguntó: —¿Alguno te llevó a un lugar divertido y romántico?

Eso me desconcertó. No sabía lo que significaba «romántico» pero sospechaba que tenía algo que ver con salir a comer o cualquier cosa que no involucrara un dormitorio. Nina no sabía cómo eran las citas de los amish y ahora tenía que explicárselo. Fue una conversación horrible, empeorada por mi pobre inglés.

Nina me miró con asombro y dijo: —¡Eso está totalmente mal y es repugnante! ¿Cómo es posible que los amish sean tan estrictos de tantas maneras y no en el cortejo?

—No sé, Nina —contesté avergonzada. No me serviría de nada cuestionar la situación porque de todos modos mis padres no me lo explicarían.

—¿Por qué no? —preguntó.

—Se supone que debemos ser sumisos y hacer lo que se nos dice sin cuestionar nada.

Fugitiva amish: el gran escape

Me sentí aliviada cuando me fui de su casa ese día. Entonces no entendía por qué le parecía tan malo, pero su expresión me hizo entender que las costumbres del cortejo amish realmente eran inmorales. En cierto sentido, deseaba no habérselo dicho. Me sentía mal, pero no había nada que yo pudiera hacer para cambiar las reglas. Podría decir algo si quería un cambio pero, tristemente, sabía que hablar con los ancianos de las cosas con las cuales no estaba de acuerdo sería como hablar con la yegua Minnie.

Al crecer, me fui dando cuenta cada vez más de que la comunidad amish entera y la iglesia tan «santa» me habían lavado el cerebro. No culpo a mis padres porque hicieron lo que se esperaba de ellos. Varios meses después de irme de casa, seguía visualizando todas esas reglas. Un domingo por la tarde me senté a la sombra de un árbol para disfrutar de la brisa tibia que corría por mi cabello suelto. Estaba emocionada por poder usar short y musculosa. Ahora podía tirar la cadena del inodoro y no tener que lavar la letrina con una manguera de jardín cada seis meses. Ahora podía manejar mi propio vehículo sin temor a ser castigada; tardé un tiempo en superar ese temor en particular. Podía estudiar y recibirme de lo que quisiera. Podía salir con quien se me diera la gana en lugar de estar obligada a salir con muchachos preseleccionados.

Ahora tenía la libertad que la mayoría de las personas dan por sentado.

    Aunque era libre de salir con cualquiera, me di cuenta que me esperaba un desafío. No salí con nadie por varios años porque era muy tímida y sentía que les resultaba extraña a los muchachos que me rodeaban. Anhelaba tener citas en restaurantes sofisticados o hasta pasar el día en la playa pero me llevó más de lo pensado acostumbrarme a mi nuevo entorno.

Capítulo 5:

Ira silenciosa

Olvida cuánto duele e inténtalo de nuevo.

~Morely~

Al entrar en la Primera Iglesia Bautista, a la que había estado asistiendo por bastante tiempo, me di cuenta de lo placentero que era tener la libertad de adorar sin ser juzgada por los demás. Podía sentarme en un banco con asientos de terciopelo rojo con mi blusa rosa favorita y un pantalón negro sin preocuparme de que fuera menos digna por ser la verdadera yo.

Me crie en una comunidad poblada de parientes, amigos y niños de todas las edades, formas y tamaños. Era una comunidad en la que todos sabían prácticamente todo lo que se podía conocer de los demás y hasta un poco más. Algunos eran metidos mientras otros eran simplemente celosos y engreídos. A pesar de estar rodeada de tanta gente, me sentía sola. Sentía que no encajaba y prefería estar sola antes que pasar tiempo con los demás el

Emma Gingerich

domingo. Cuando estaba con ellos, sentía que tenía que andar en puntillas para no ofender a nadie. La mayoría de las chicas que conocía habían sido sorprendidas con varias radios. También sabían lo que me había pasado ese día con Roger. Me daba cuenta de que estaban esperando que me volviera a equivocar para hablar aún más de mí a mis espaldas.

Roger no era amish y, mirando hacia atrás, no puedo creer que confié en él. Pero entonces jamás había oído de que la gente lastimara a otros.

Mi comportamiento atrevido comenzó cuando Roger, un hombre de sesenta y cinco años que se había convertido en un habitué del puesto donde yo vendía cestas junto al camino que llevaba al pueblo, comenzó a preguntarme si podía llevarme a ver una película. Le dije que esperara hasta que mis padres se fueran de casa por varios días, cuando sería mucho más fácil escaparme.

Después de esperar más de seis meses, por fin se presentó una oportunidad para salir a hurtadillas. Me arriesgué un jueves por la noche cuando Mem y mi hermano Sammie fueron en autobús a visitar a Miller Dowdy (mi abuelo materno) en Ohio. Aunque Datt estaba en casa, decidí aventurarme y aceptar la invitación de Roger. Así que ese viernes, mientras vendía

Fugitiva amish: el gran escape

cestas, le dije a Roger que por fin iría. Quedamos en encontrarnos el próximo lunes por la noche.

Sarah estaba conmigo cuando hice mis planes y expresó sus dudas al respecto. Los amish enseñaban que ver televisión era malvado y lo que más le preocupaba a Sarah es que yo terminara con una enfermedad grave o una pierna quebrada si el Buen Hombre lo disponía.

—Sé que da miedo pensar en lo que podría pasar —le dije—. Ni siquiera puedo mirar los televisores en el Wal-Mart sin temor a enfermarme. —Traté de tranquilizarla pero me salió mal.

Sarah soltó una carcajada y dijo: —Siento lo mismo cuando voy al Wal-Mart.

La confesión de Sarah nos tranquilizó un poco a las dos pero cuando llegó el lunes mi ansiedad y culpa llegaron a niveles sin precedentes. Me preguntaba por qué habría tramado esto cuando sabía que Datt no iba a acompañar a Mem a Ohio. No solo era inmoral mirar televisión, pero acompañar en un vehículo motorizado a Roger, a quien mis padres no conocían bien, era todavía peor. Yo hablaba muy poco inglés y supuse que dejaría que Roger hablara y que yo me limitaría a decir que sí o que no. Sarah sugirió que me quedara en casa.

—Tengo que hacerlo —le dije—. No tengo manera de avisarle a Roger que no quiero ir después de todo. Solo espero que no aparezca.

Emma Gingerich

Tenía miedo de que si no iba a su encuentro vendría a buscarme a la casa. No podía soportar la idea de que le dijera a Datt que me iba a llevar a ver una película. Probablemente se pondría loco.

Por fin llegó la noche y estaba lista para salir a las 10.30. Esperé en mi dormitorio hasta que todos estuvieran dormidos. Bajé sigilosamente por la escalera traicionera y llegué afuera. Me quedé un rato junto a la puerta para asegurarme de que Datt no se hubiera despertado. Cuando estuve segura de que nadie me había oído, fui corriendo descalza por el camino de ripio. Después de un rato empecé a caminar. Se sentían ruidos espeluznantes de todo tipo que irrumpían de la oscuridad de los árboles que casi me hicieron pegar la vuelta y volver corriendo a casa, pero no pasó mucho tiempo antes de que Roger pasara en su camionetita verde. Me subí y en seguida me sentí más segura. Viajamos unos 40 kilómetros hasta su casa, donde vimos *Bailando con lobos*. Tenía dieciséis años y era la primera película que había visto. Tuve miedo durante toda la película por los indios —me aterrorizaban; no sabía que existía gente así.

Roger me llevó a casa cuando terminó la película; eran como las tres de la mañana. Roger era un buen hombre y me respetaba. No trató de aprovecharse de mí porque solo éramos amigos o

Fugitiva amish: el gran escape

por lo menos así lo supuse. En aquel entonces desconocía el peligro del secuestro y la violación o, aún peor, del homicidio. Jamás había oído de tales cosas en una comunidad amish. Siempre supuse que nadie querría lastimar a alguien como yo si no hacía nada para provocarlo. Si hubiera sabido entonces lo que sé ahora, jamás habría salido así.

Considero la experiencia con Roger como un momento en el cual Dios me rodeó con sus brazos, protegiéndome, y tal vez hasta inspirándome a seguir con mis planes para dejar a los amish. Roger había sabido que me quería ir desde que tenía quince años y lo habíamos hablado muchas veces. Me había contado algo de lo que podía esperar del mundo real y hasta me había dicho que me podía conseguir un lugar para quedarme. Por supuesto que, llegado el momento, se echó para atrás.

§

Mi atrevimiento quedó en suspenso pronto después de la noche de película secreta. Fue un momento bochornoso de mi vida amish, pero es algo de lo cual no me arrepiento. Todo comenzó un caluroso día de agosto de 2004, cuando tenía dieciséis años.

Después de varias largas y arduas semanas de tejer cestas a mano, esperaba con ansias un día libre cuando íbamos a lo que yo llamaba la «tierra de fantasía». Mis padres habían encontrado un lugar para vender cestas poco después de habernos mudado de Ohio a Missouri. Era una ubicación perfecta porque estábamos cerca de la carrera interestatal 35, donde salían muchos viajeros para comer en una parada de camiones con restaurante llamado Dinner Bell. La carretera estaba a plena vista y a veces contaba los vehículos marcando en un papel cada vehículo que iba hacia el norte o hacia el sur. Era una buena manera de pasar el tiempo entre clientes. A veces Sarah y yo elegíamos los autos y los camiones que nos gustaría tener algún día. En otras ocasiones bajaba la parte de atrás del carro, me sacaba la cofia blanca, me soltaba el pelo y sencillamente disfrutaba del aire fresco. Soñaba con el día en que podría dejar que mi larga cabellera castaña estuviera libre como un pájaro en el viento para siempre.

    Sarah y yo siempre nos divertíamos cuando estábamos juntas, especialmente cuando vendíamos cestas. Aprendimos a usar una cámara para poder tomar fotos de los numerosos turistas que querían un recuerdo con el caballo o las cestas artesanales y, si querían que Sarah y yo estuviéramos en la foto, aceptábamos y posábamos. Las reglas amish prohibían sacarse fotos pero a veces sencillamente no nos importaban.

Fugitiva amish: el gran escape

Sarah y yo estábamos vendiendo cestas en la parada de camiones ese día cuando Roger se detuvo para charlar. Me invitó a acompañarlo a comprar bebidas frescas, pensando que sería un mimo para nosotras. En realidad no me gustaba ninguna gaseosa porque me desagradaba el ardor que me producían las burbujas en la boca. Además, mis padres realmente no querían que tomáramos gaseosas porque no era bueno para nuestra salud. En lugar de decirle a Roger que no quería una bebida, me subí a su vehículo. Pensé: *¿Por qué no? No me haría nada pasear en su furgoneta.* Fuimos varias cuadras hasta una pequeña estación de servicio y compramos Coca Cola mientras Sarah atendía las cestas.

Cuando volvimos, Roger estacionó el vehículo y me dijo que, si quería, me podía quedar en el asiento del acompañante. También le ofreció a Sarah sentarse atrás para refrescarse, pero no aceptó. Así que me senté, tomé mi Coca y lo escuché hablar de sí mismo. Estaba empleado a medio tiempo por el correo y llevaba cartas de una sucursal postal a otra todas las noches. No le importaba si entendíamos lo que estaba diciendo mientras estuviera hablando. No estaba prestando atención a mis alrededores cuando el grito de Sarah me despabiló.

—¡Emma! ¡Viene un carro! —gritó Sarah en alemán—. ¡Me parece que son Mem y Datt!

Emma Gingerich

—¡No! ¡Ahora sí que estoy en problemas! —grité, desesperada. Se me paralizaron los huesos. Traté de pensar en una manera rápida de escaparme del vehículo sin que mis padres me vieran, pero parecía imposible. Empecé a temblar y Sarah, que estaba parada al lado de la furgoneta, me gritaba frenéticamente que me apurara y me bajara. Ella también estaba pálida y asustada. Me quedaba una sola opción: bajarme del vehículo aunque mis padres me vieran. Todo pasó tan rápido que parecía una pesadilla. Desafortunadamente, era realidad.

Datt fue hasta un poste de teléfono para atar el caballo, a unos cien metros de donde yo estaba parada con Sarah. Roger se quedó en su vehículo. Aunque Sarah y yo no podíamos hablar mucho inglés, Roger sabía que estábamos en dificultades y trató de continuar la conversación. Después de un minuto sin respuesta, se dio por vencido.

Sarah y yo tratamos de fingir que no había pasado nada, pero cambiamos de idea en seguida cuando Mem comenzó a caminar hacia nosotros. Estaba furiosa, lo cual me dijo que mi vida pronto sería aún más insoportable de lo que ya era. Datt se quedó atrás. Al principio me alegré de que no se bajara del carro porque tenía peor carácter que Mem pero después de ver la cara de ella en realidad no importaba cuál de los

Fugitiva amish:* *el gran escape

dos venía. Se acercó a Roger primero y le dijo a secas que se fuera. Obedeció al instante.

Después se dio vuelta y nos miró: —¿Qué se creen que están haciendo?

—Roger me preguntó si quería sentarme en su furgoneta para refrescarme y tomar una Coca —contesté tímidamente—. No le vi nada de malo.

—Se las podría haber llevado —rezongó, casi en lágrimas.

No dije nada y Sarah guardaba un silencio sepulcral. Me pregunté por qué no tendría nada que decir como siempre cuando estábamos en dificultades. Sin embargo, en realidad yo era la única en problemas, y no la podía culpar a Sarah por sus acciones. O falta de acción.

Tal vez parezca una equivocación haber confiado en que un hombre de 65 años no me secuestraría, pero había conocido a Roger por más de tres años. Paraba casi todos los viernes solo para charlar. No lo podía imaginar como secuestrador. Si realmente hubiera querido llevarnos, lo podría haber hecho hace mucho tiempo. No se me ocurrió que solo paraba cuando estábamos Sarah y yo, pero Mem nos dijo que solo paraba de vez en cuando si ella estaba vendiendo cestas. Me parecía que Mem no le caía muy bien a Roger pero, ¿cómo culparlo? Mem no era muy agradable con los extraños, especialmente con gente inglesa.

Decidí no decirle a Mem que había ido a la tienda con Roger. Mis padres solo me vieron sentada en la furgoneta y razoné que si les dejaba creer que me había sentado para refrescarme, mi castigo sería menos severo. No me preguntó si habíamos ido a algún lado, así que decidí no molestarme en dar más detalles.

Mem volvió a romper el silencio: —Me pregunto que más harán ustedes aquí que no debieran hacer.

Por primera se le escapó una palabrita a Sarah: —Nada. —Me quedé callada. Y debido a mis acciones ese día con Roger, mi tierra de fantasía se convirtió en cosa del pasado.

§

Los próximos seis meses pasaron lenta y dolorosamente. Todas mis amigas se enteraron porque Rhoda les dijo lo que había hecho. Tardé muchas noches sin dormir en recuperarme de la humillación de lo ocurrido ese día porque ahora los demás lo sabían y me juzgaban con dureza. *¿En qué estaba tan equivocada mi vida?* De noche no podía dormir y me preguntaba si las otras chicas eran tan ingenuas e insensatas como yo. Tal vez no, pero jamás hablábamos de nada fuera de temas bien educados para «damas». Me moría de aburrimiento.

Fugitiva amish: el gran escape

Sarah y yo éramos muy unidas y parecía que, después del incidente con Roger, Mem y Datt se esforzaban por no dejar que hiciéramos nada juntas. Me sentía mal porque mis padres también estaban castigando a Sarah cuando era culpa mía. Les teníamos tanto miedo a nuestros padres que ni siquiera nos animábamos a estar juntas en mi pieza por si Datt llegaba a entrar sin tocar y nos descubría. A veces entraba directamente a mi dormitorio y empezaba a revisar mis cajones muy lentamente, con la pipa colgándole de la boca. Me irritaba sobremanera.

A veces no podía recordar dónde había escondido mi arsenal secreto de esmalte para uñas, lápiz labial y un poco de bisutería. Lo único que podía hacer era quedarme sentada y rogar que todo desapareciera mientras Datt se acercaba. Nuestra vecina, Nina, me había dado el maquillaje una vez después de que le limpié la casa. Nunca lo había usado porque estaba prohibido por los amish pero tampoco me quería deshacer de él. Si Datt lo llegaba a encontrar, me costaría mucho explicárselo. No podía soportar el temor de ser descubierta, así cavé un pozo detrás de la casa, debajo de un árbol, y enterré la caja de madera con mis posesiones. Antes de enterrarlo, lo cerré con llave por si alguien lo encontraba y después lo envolví en una bolsa de plástico para que no se humedeciera.

Emma Gingerich

El castigo probablemente parecía más duro y más desgraciado porque mis padres ya no nos permitían ir a la esquina a vender cestas. El estrés de tratar de hacer buena letra hasta afectaba nuestras actividades cotidianas: en lugar de hablar y divertirnos mientras cocinábamos y lavábamos los platos tres veces al día, trabajábamos en silencio, cada una dedicada a sus propias tareas en la cocina. No sabíamos ni si nos podíamos mirar si Mem o Datt estaban cerca. Era horrible. En ese momento no podía entender por qué sentarse en un vehículo podía causar tanto enojo en mis padres y arruinar mi reputación entre mis amigas. Pensaba más que nunca en encontrar la manera de escaparme.

Estaba haciendo el doble de trabajo, o por lo menos así parecía, porque me sentía culpable por mis acciones y trataba de trabajar más para convencer a Mem y a Datt que me apreciaran más. Por supuesto que no funcionó. Lo sentía más distante que nunca a Datt. Nunca habíamos sido muy unidos y, a medida que costaba más complacerlo, me sentía todavía más menospreciada. Tal vez lo merecía, pero también quería otra oportunidad. Toda la vida había tratado de hacer las cosas bien para recibir aprobación, pero eso era imposible porque mis padres nunca nos alentaban. Así que me di por vencida.

Fugitiva amish: el gran escape

Me molestaba que Datt no ayudara a hacer cestas más seguido y descubrí que pedirle que lo hiciera solo lograba enojarlo. Mem quería que por lo menos cortara la madera necesaria para las cestas, pero no lo hacía. Estaba ocupado con su trabajo habitual: sentarse por ahí y fumar la pipa. Aun después de casi cortarme el meñique con la sierra de mesa, no hizo ningún esfuerzo por asumir más responsabilidad. Yo tenía miedo de seguir usando la sierra, pero era necesario para hacer las cestas.

Después de completar nuestra casa de tres plantas, Datt se tomó un descanso del trabajo que pareció durar mucho tiempo. Tras la mudanza a Missouri no siguió con el aserradero y fracasó en muchos intentos por hacer algo redituable en el campo después de eso.

En su primer intento por mantener a la familia, Datt compró ganado vacuno y lo dejó pastar en la mitad de las 50 hectáreas de su propiedad; la otra mitad era para cultivos. El negocio del ganado no salió muy bien. El invierno era difícil para las vacas y necesitaban mucho heno para alimentarse, cosa que a Datt le escaseaba. Un día le agarró la locura de comprar cien ovejas. El establo y el pastizal no estaban preparados para semejantes animales. Las ovejas siempre se escapaban por las rendijas más pequeñas, siempre tenían hambre y siempre hacían mucho ruido. Cuando empezaron a dar a luz, el balido de las ovejas era tal que podrían haber estado poniendo huevos. La mayoría de las ovejas tenía mellizos o trillizos pero algunas daban a luz a hasta siete corderitos a la vez. Cuidar a tantos pequeños fue un desastre total: muchos se enfermaron, algunos perdieron a su madre y las madres perdieron a sus bebés. Datt pronto perdió todo interés en ellos y nos delegó la responsabilidad de cuidarlos.

Después decidió compra setenta y cinco conejos. Nadie apoyó el negocio de los conejos porque todos sabíamos que terminaría por obligar a sus hijos a cuidarlos, aunque prometió que no lo haría. Yo prefería ovejas gritonas mil veces antes que conejos apestosos. Datt acorraló a los conejos en el establo y, aunque no podían escaparse ni hacer mucho ruido como las ovejas, hacían caca cientos de veces por día, y el establo pronto se llenó de estiércol que teníamos que sacar. El olor de los conejos y del estiércol se volvió tan fuerte que nadie quería cuidarlos. Para variar, Datt guardó su promesa e hizo todo lo que pudo para criar los conejos solo.

La granja nos mantenía ocupados. Los varones trabajaban para otros amish tanto en un aserradero como en una herrería. Las mujeres trabajaban en la casa y ayudaban en la granja desde que salía el sol hasta que se ponía; nunca había tiempo para relajarse y disfrutar de la vida. Sarah y yo terminamos por acostumbrarnos

Fugitiva amish: el gran escape

a trabajar el doble y con el tiempo nuestro castigo pareció menos severo.

§

Creía que había otro mundo allá afuera, si tan solo lograra escaparme de éste. No estaba buscando cualquier escape, sino que sabía que había un destino más allá de lo que podía comprender. Sabía que se me revelaría si persistía.

Pensaba que había alguien que me ayudaría a escaparme, pero eso cambió cuando nuestra vecina, Nina, falleció de un repentino ataque cardíaco. Había estado limpiando su casa durante tres años y en un momento le confesé que me quería escapar de los amish. No creo que me haya tomado en serio ya que casi todos los niños pasan por una etapa en la que escaparse les parece buena idea. Sin embargo, me dijo que me ayudaría a encontrar un lugar donde quedarme si esperaba hasta tener dieciocho años. No hablamos mucho del tema porque solo tenía quince años en esa época, pero me mantuve atenta por cualquier oportunidad para aprender más acerca del mundo exterior. Mientras tanto, planeaba la fuga en mi cabeza. El plan incluía la ayuda de Nina aunque le tenía un poco de miedo; estaba segura de que no soportaba a la gente amish, pero es probable que solo haya sido mi imaginación. No siempre era muy amigable con mi familia y su personalidad tipo diosa me hacía sentir muy insegura por mi estilo de vida. No poder hablar mucho inglés también menoscababa mi confianza.

Después de que Nina murió, empecé a pensar en otras personas que podrían ayudarme. Ya no estaba segura de Roger, porque no podía comunicarme con él. Tardé en darme cuenta de ello, pero había otra persona, alguien de afuera que había estado cerca de la familia por un tiempo. No pensé en pedirle ayuda al principio porque tenía una conexión estrecha con mis padres. Podría haber sido un desastre porque no quería que supieran lo que tenía en mente.

Conocí a Virgil un día cuando paró en la granja para hablar de caballos con mi padre. Después de eso empezó a aparecer regularmente y un día conocí a su esposa Jolene. Eran las personas más amables que había conocido en mi vida y me sentía halagada de que vinieran a la granja. Virgil tenía una personalidad encantadora y era testarudo en sus opiniones, lo cual creaba cierta tensión entre él y Datt. A veces me daban ganas de hundirme en el suelo las preguntas que Virgil hacía acerca del estilo de vida amish porque sabía que a Datt no le gustaba que alguien de afuera hurgara en asuntos que no podía explicar. Los amish prefieren dejar las acciones cuestionables debajo de la alfombra y vivir tranquilos de la manera en que se les había criado. La mayor parte de la tensión se originaba en preguntas acerca de la iglesia o del cristianismo y la educación. Ninguno de esos temas tenía sentido para mí. Era complicado.

A pesar de la vergüenza, me sentía atraída por Virgil y Jolene porque estaba más curiosa que nunca acerca del mundo inglés. Necesitaba oír lo más posible, porque me daba esperanza para mi futuro escape. No me atrevía a hacer muchas preguntas acerca de cómo era vivir como lo hacían ellos. Lo único que me quedaba era observar en silencio. Mem y Datt se habrían preocupado si hubiera comenzado a hacer demasiadas preguntas.

A fines de 2004, cuando tenía dieciséis años, después de que Levi se había fugado de los amish y yo estaba luchando con el mundo del cortejo, empecé a tener frecuentes dolores de cabeza que requerían atención médica. Durante ese tiempo, tuve que pensar en dejar de lado mis planes de dejar a los amish. Era como tener pesadillas, sueños terribles que habían durado años. Las circunstancias me habían obligado a planear el escape sola y esto estaba afectando mi salud. Estaba confundida y enojada con mi vida, pero me culpaba a mí misma por mi desdicha porque pensaba que si solo me portara mejor, me sentiría mejor. Me habían descubierto sentada en el vehículo de Roger y Datt había descubierto que había escondido cuatro radios en mi habitación.

Emma Gingerich

Tuve un colapso nervioso y pensé que seguramente Dios por fin me estaba castigando, tal como siempre lo había esperado.

Mi enfermedad empeoró y empecé a vomitar y a sentirme muy débil. Solo quería dormir y una vez que me dormía, era muy difícil despertarme. Lloraba mucho en mi cuarto. Lo único bueno de estar enferma era que tuve un descanso del cortejo.

Mis padres le pagaron a Virgil para que me llevara a una quiropráctica y homeópata amish que vivía a unos noventa y cinco kilómetros de distancia. Me masajeó el cuello y usó una pequeña linterna y me miró los ojos con una lupa. Mi datt solía leer los ojos cuando yo era más chica. Los amish de toda la comunidad y de las zonas aledañas lo consultaban y dejaban que les leyera los ojos. Tenía un cuadro con un diagrama de todo lo que podía estar mal.

Lo que la quiropráctica vio en mis ojos debe de haber sido grave porque habló de ello con Mem en privado. Después me enteré por Virgil que la doctora pensaba que tenía un tumor en el cerebro. Como no conocía la gravedad de un posible tumor, no me preocupé demasiado. Fui a la doctora amish un par de veces más antes de que me derivara a un curandero que se especializaba en meter globos en la nariz. La terapia de globos estaba diseñada para ayudar a las personas con dolor de cabeza aliviando la

Fugitiva amish: el gran escape

presión. Los curanderos no eran médicos de verdad, pero eran lo único en que creían mis padres.

El médico de globos vivía en el pequeño pueblo de Lathrop, Missouri, en el medio de la nada, a unos ciento treinta kilómetros de mi casa. La primera vez que lo vi, me acompañaron tanto Mem como Datt. Virgil manejó. Se podía contratar a un chofer para ir al médico pero, fuera de eso, los amish tenían prohibido contratar a choferes. El carro a caballo era el principal medio de transporte. Tendría que haber estado emocionada por la oportunidad de ir en auto, pero estaba demasiado enferma para que me importara.

No tenía la más vaga idea de lo que me esperaba cuando llegamos al consultorio. Solo sabía que era curandero. Después de confirmar mi turno, me senté en la sala de espera junto a Mem. Empecé a sentirme paranoica por la falta de espacio y el mal olor sofocante. *Oh, Buen Hombre, ¿por qué estoy aquí?*

Una mujer mayor salió del cuarto trasero y, mientras pagaba su cuenta, oí que le decía a la recepcionista que se sentía mucho mejor. Pensé: *Bueno, no puede ser tan malo si a ella le gusta.* Pronto un hombre de piernas largas y saco blanco llegó a la puerta y anunció mi nombre. Datt pegó un salto y fue a la puerta delante de mí. Me molestó porque el médico me había llamado a mí, no a él. *¿Cuál es su apuro?* —pensé. No quería que Mem y Datt me acompañaran. Mi vocabulario inglés se volvía peor cuando mis padres estaban escuchando y nunca podía decir lo que quería porque me intimidaban.

Saludé al médico con una sonrisa forzada y le di la mano.

—¿Cómo te sientes hoy? —preguntó.

—Este, me siento bien —mentí. Tenía las manos traspiradas y frías.

El médico se sonrió y dijo: —Algo me dice que no te debo creer. No tengas miedo; todo va a estar bien.

Lo seguí a un cuarto detrás de la recepcionista y me senté para contestar varias preguntas sobre las razones por la consulta. Datt no podía quedarse callado y trató de contestar por mí. Por eso había querido estar a solas con el médico. Con las interrupciones de Datt, me cerré del todo. El médico me describió el método que pensaba usar y me aseguró que no estaría mal. Quería decir: *¿En serio?.... Lo que me acaba de describir suena horrible*, pero guardé silencio y no compartí mis pensamientos.

Una vez que el médico había explicado todo, entró una enfermera y preparó una mesa en la cual debía acostarme. La mesa era extremadamente dura. La enfermera me sujetó las piernas y otra persona me sujetó la cabeza.

Fugitiva amish: el gran escape

Entonces el médico puso un tipo de globo especial, que parecía una gota gomosa de plástico blanco, en la punta de un tubo. Había un dispositivo manual fijado en el tubo que bombeaba aire por el tubo para llenar el globo mientras estaba metido en una de mis fosas nasales. Mandaron el globo tan adentro de mi nariz que sentí cuando me llegó al medio de la frente. Una vez colocado el globo comenzaron a pasarle más aire y pensé que me iba a morir. No podía respirar ni gritar. Lo agarré del brazo al médico pero no se inmutó cuando tiré de él. Todo ocurrió en menos de un minuto, pero no fue lo suficientemente rápido para mí. Después pasaron a la otra fosa. Al ver las lágrimas que me corrían por las mejillas el médico tuvo la suficiente piedad para dejar que me recuperara un poco antes de hacer el otro lado. No hay palabras para describir lo horrible que fue esa experiencia.

Cuando terminó, salí del consultorio del médico sin sentir nada; mi cerebro no podía comprender lo que acababa de pasar. Aparentemente los globos debían aliviar algo de la presión en el cerebro pero en mi caso solo lograron aumentar la presión de la frustración y de la ira.

Virgil se había quedado afuera en el auto mientras yo estaba con el médico así que cuando

Emma Gingerich

entramos al vehículo me preguntó: —¿Cómo te fue, Emma?

Sonreí educadamente y dije con sarcasmo: —Fantástico, ya me siento mejor.

Mi sonrisa y mi tono de voz no correspondían a mis verdaderos sentimientos; Virgil no dejó ver si se había dado cuenta. Estaba lejos de sentirme mejor, pero no podía decir la verdad porque pensaba que debía decir algo que les haría sentir a Mem y Datt que habían logrado algo. Después de todo, habían pagado el tratamiento y quería que funcionara para no malgastar su dinero. Durante el camino de regreso, Datt le explicó a Virgil todo lo que se había hecho con los globos. Me di cuenta que a Virgil no le gustó mucho la descripción de Datt porque se volvió extrañamente silencioso. Pero Datt estaba demasiado entusiasmado para darse cuenta. Traté de parecer lo más contenta posible en el asiento trasero con Mem, pero por dentro estaba dolida y enojada. Sabía que estaba fingiendo, pero quejarse estaba mal visto y enojarse era pecado, así que lo manejé lo mejor que pude.

En cuanto llegamos a casa, subí a mi habitación. Me acosté con la esperanza de dormirme, pero empecé a temblar y no podía encontrar una posición que me relajara. Parecía un perro, dando tres vueltas antes de acostarse, salvo que lo hice una y otra vez. Le rogué al Buen

Fugitiva amish: el gran escape

Hombre que borrara el recuerdo de ese día y me dejara dormir.

Volví al mismo curandero cuatro veces más después de la visita inicial. Cada tratamiento fue peor que el anterior. Al principio no me quejaba en voz alta; mis padres pensaban que estaba mejorando porque eso es lo que les di a entender. Pensaba que cuanto más pronto mejorara, tanto antes terminarían los tratamientos. Pero el sufrimiento se volvió tan intolerable que les dije que no quería seguir más. Comencé a rogarles que trataran de entender el dolor que estaba sintiendo, pero se negaron a escuchar.

No lo soportaba cuando Datt alardeaba del médico de globos con otros amish. Era algo que los demás desconocían y estaba orgulloso de ser el primero en descubrir la magia. Lo hacía parecer lo mejor para curar lo que fuera. *¿Cómo podía decepcionarlo?*

Virgil venía a casa casi todos los días para pasar el tiempo. Cada vez que venía, Mem o Datt me decían que dijera que me sentía bien si preguntaba. Virgil odiaba el tratamiento con los globos, así que mis padres decidieron que sería mejor que yo le hiciera creer que estaba funcionando.

En el quinto viaje al médico, le dije a Mem: —No me pidan más turnos después de éste; no lo soporto más.

Emma Gingerich

—Deberías decírselo a Datt entonces —contestó.

Era la respuesta que sabía que vendría. Apreté los dientes.

—Hablar con Datt no sirve de nada porque está tan enamorado del médico que descubrió que no va a entender ni la va a importar lo que siento —le murmuré a Mem.

—Tal vez una vez más y podemos parar, según lo que diga el médico —me consoló.

—No, Mem, no vamos a depender de lo que diga el médico —contesté—. ¡Me va a hacer volver durante el resto de mi vida!

Me miró severamente y entendí que más valía no decir una palabra más.

Estaba enojada porque no sabía suficiente inglés para decirle al médico lo que realmente sentía acerca de sus tratamientos abusivos y siempre estaba acompañada por mis padres, lo cual hacía que fuera mucho más difícil comunicar mi malestar. Lo peor era cuando Datt contestaba las preguntas del médico y yo sabía que si decía algo tenía que ser lo que Datt quería oír. Llegó el momento que estaba tan enojada que quería gritarles a todos, pero me contuve.

No hay nada más frustrante que no poder expresar los verdaderos sentimientos. Guardarme todo adentro me estaba volviendo loca, pero al mismo tiempo tenía que actuar como una chica amish y ser sumisa y hacer lo que los

Fugitiva amish: el gran escape

mayores pensaban que era lo mejor. Sabía que el enojo era una pérdida de tiempo, pero durante los últimos dos meses, en lugar de las mariposas que normalmente sentía revolotear en los campos de ácido estomacal color arco iris, tenía abejas asesinas zumbando en un enjambre furioso.

Varias veces en el camino de regreso después de ir al consultorio, Virgil y Datt discutieron acerca de si los globos estaban funcionando o no. Un día Virgil sugirió que fuera a un hospital y me hiciera una resonancia magnética, pero Datt ni siquiera estaba dispuesto a escuchar semejante idea. Riñeron fuerte. Yo estaba atrás con las lágrimas que me corrían por las mejillas. Mem no nos había acompañado esa vez así que podía llorar sin que nadie me viera.

Cuando llegamos a casa decidí preguntarle a Datt por la resonancia magnética. Estaba en la sala, sentado en su silla, fumando su pipa y abriendo la correspondencia. Esta era mi oportunidad para hablarle o tendría que guardar silencio para siempre.

—¿Qué tiene de malo hacerse una resonancia magnética? —le pregunté de frente.

Me miró y dijo por lo bajo: —No te metas esa idea en la cabeza. —Tiró una carta que estaba leyendo y se reclinó en la silla, soplando humo por la nariz.

Emma Gingerich

No estaba satisfecha así que insistí en más respuestas.

—Pero, ¿qué tiene de tan malo esa idea? —pregunté, esperando una respuesta que por una vez tuviera sentido.

Datt se estaba agitando. —Cuesta demasiado y la máquina de resonancia funciona con electricidad, que puede causar más problemas de salud. —Hizo una pausa y agregó—: Estoy seguro que preguntaste porque Virgil lo mencionó.

Por el tono de voz, me di cuenta que no debía decir nada más. Aparte, jamás lo consideraría porque la sugerencia venía de alguien de afuera.

Me senté en silencio, pensando en lo que Datt había dicho y me pregunté: *¿Realmente es tan mala la resonancia magnética? ¿Podría ser peor que los globos?* No podía imaginar que fuera más caro que cinco visitas al curandero, aunque no sabía cuánto habían pagado por los tratamientos con globos. Jamás había estado en un hospital, salvo el día en que nací, e ignoraba por completo qué tendría que ver la electricidad así que supuse que verdaderamente era peligroso.

Debo de haber estado llorando, porque Mem entró en la habitación y preguntó: —¿Realmente te hacen tanto mal esos tratamientos?

Fugitiva amish: el gran escape

Solo podía asentir con la cabeza. Si decía algo me iba a largar a llorar histéricamente. Mem trató de consolarme diciéndome que no tendría que volver después del próximo turno.

Antes de que llegara mi próximo turno, decidí hacer todo lo posible por cancelarlo sin el permiso de nadie. Quería ir a la casa del vecino y usar el teléfono, pero sería casi imposible ir sin que se viera sospechoso. Además, no sabía usar el teléfono. Así que hice lo que conocía y le escribí una nota al médico:

Estimado doctor:

Espero que reciba esto a tiempo porque quiero cancelar el turno del jueves por la mañana. No programaré más turnos.

Atentamente,

Emma Gingerich

P.S. Ya no aguanto más sus horribles tratamientos y son demasiado dolorosos. A lo mejor usted le cae bien a mi papá, pero a mí no.

Puse la nota en un sobre, escribí la dirección y después me llevé la desilusión de descubrir que el librito de estampillas estaba vacío. No me alcanzaba el dinero para comprar un librito entero, así que junté cuarenta centavos, los fijé en el sobre con cinta adhesiva y puse la carta en el buzón, rogando que el cartero lo llevara sin la estampilla correspondiente. Mis padres no estaban en casa cuando mandé la carta pero se los conté un par de días después, un día antes del turno. Datt no estaba demasiado contento pero por lo menos le ahorré algo del dinero que se habría malgastado.

§

La batalla contra los dolores de cabeza siguió con un tratamiento diferente. Me volvió a examinar la quiropráctica y homeópata amish. Había pasado suficiente tiempo para que encontrara otro experimento que quería que probara. Esta vez era en una clínica en Kansas City. Esa clínica realizaba experimentos con minerales administrados en las venas. Había oído que la clínica recién comenzaba a usar este método y que todavía estaba en ensayo, pero muchos ya estaban hablando maravillas de los resultados. Por supuesto que mis padres se convencieron en seguida. Comenzó una nueva odisea. Todos los miércoles un chofer me llevaba a Kansas City para que me pincharan el brazo y me inyectaran una solución mineral en las venas. No sabía qué se suponía que le tenía que hacer a mi cuerpo porque no sentí ninguna diferencia después de ninguno de los tratamientos. Era una pérdida de tiempo y dinero, pero era mucho más clemente que el tratamiento con los globos.

Fugitiva amish: el gran escape

Una mañana me desperté temprano y no pude dormirme de nuevo. Mi instinto me decía que algo estaba por cambiar pero no sabía por qué. Me levanté de la cama y abrí la ventana. Soplaba una dulce brisa fresca mientras un sol cálido trepaba por los árboles. *Hoy va a ser un día hermoso* —pensé. Tenía que volver a Kansas City para mi cuarto turno en la clínica. Estaba cansada de las agujas que me metían en el brazo, cansada de viajar cinco horas de ida y de vuelta, cansada de que Datt siempre se hiciera el que sabía lo que sentía y cansada de estar atrapada por mis propios dolores de cabeza. Poco a poco estaba mejorando físicamente y había empezado a ir a la iglesia de nuevo con la familia pero seguía perdida. Mi deseo de escaparme de los amish parecía un sueño. Sentada en la cama, apoyada contra el marco de la ventana, soñando, se encendió una llamita en mi cabeza: *¿Por qué no podía ir a la clínica sola con el chofer?* Miré mientras las esponjosas nubes blancas jugaban en un cielo turquesa. De repente tuve una idea brillante. Podía hablar con Virgil acerca de mis planes si mis padres no me acompañaban.

La noche anterior le había oído a Mem decir que no podría ir porque había varias fanegas de judías verdes por envasar. Ahora solo tenía que convencerlo a Datt de que también se quedara en casa. No soportaba el viaje en auto con él. Siempre discutía con Virgil. No importaba lo equivocado que Datt estuviera sobre cualquier tema, siempre tenía la razón.

En realidad no pensaba que sería posible convencer a Datt de que se quedara porque le gustaba viajar. No iba en auto muy seguido, así que era algo así como unas mini vacaciones para él. Hacía mucho que quería hablar con Virgil de mi idea de dejar a los amish, pero no estaba segura de la manera de encararlo. Necesitaba ayuda y tenía la sensación de que Virgil me podría dar algunas ideas. El asunto era cómo respondería. Me preocupaba que no estuviera de acuerdo y que se lo contara a mis padres. Y entonces podría olvidarme de escaparme para siempre. No obstante, era un riesgo que tenía que tomar.

Bajé la escalera en cuanto oí que Mem estaba preparando el desayuno en la cocina. Ahora era el momento perfecto para preguntarle si podía ir a Kansas City sola con Virgil.

—Significaría mucho para mí que se quedara para ayudarnos a ponernos al día con el trabajo en la cestería —dijo cuando se lo pregunté.

Después de desayunar, mientras Datt todavía estaba sentado a la mesa fumando su pipa, Mem me ayudó a convencerlo de que se quedara en casa. Aceptó de mala gana, sin dejar de hacer un comentario sarcástico acerca de tratar de hacerme mayor de lo que era. No le dije

Fugitiva amish: el gran escape

que tenía planeado no pedir más turnos. No veía el sentido de dejar que la clínica me usara como conejillo de Indias. Si me acompañaba, no tendría la oportunidad de cancelar.

Esa mañana, en el asiento del acompañante rumbo a la clínica, estaba nerviosa. Pero Virgil tenía una manera de contar historias que ayudaba a calmarme, aunque no tuviera idea de lo que me pasaba por la cabeza.

Para mí, el vaso no solo estaba medio vacío, sino que yo personalmente tendría que enfrentarme a condiciones extremas para encontrar el agua, cavar un pozo, llenar un cubo y tratar de llenar el vaso por mí misma. Entonces comencé a llenar el vaso después de completar otra vuelta de minerales. Le dije audazmente a la enfermera que no volvería para ningún tratamiento más. Me hizo sentir tan bien tomar una decisión propia. Esperaba que Datt estuviera agradecido después por no tener que gastar todo su dinero en algo tan inútil.

Virgil me llevó a comer una hamburguesa y después, en un intento por seguir llenando el vaso de vino —quiero decir, de agua—, le conté todo.

—Virgil, quiero dejar a los amish —le dije urgentemente.

Me miró sorprendido. Tenía la boca llena así que no pudo decir nada por un momento.

Emma Gingerich

—¿Sabes en qué te estás metiendo? —dijo por fin.

Me encogí de hombros y no dije nada. Me preocupa su tono de voz.

Después de un silencio, me preguntó: —¿Por qué te quieres ir?

—Hay muchas razones por las que me quiero ir —le dije con calma—. Estoy emocionalmente agotada por ir al médico de globos y Datt todavía piensa que era una buena idea. Creo que no tiene sentido ir a la iglesia. No me gustan los rituales de cortejo. No puedo expresar mis opiniones sobre cosas que me parecen estúpidas. Se supone que tengo que bautizarme pronto y no quiero casarme y tener una docena de niños. Quiero una mejor educación y quiero tener algo de libertad.

—Un momento, niña. Parecen ser muchas razones —dijo Virgil soltando una carcajada.

Di un suspiro de alivio. Por lo menos se estaba riendo; tal vez confesarme con él no era una idea tan mala después de todo.

—Lamento que hayas tenido que sufrir con esos tratamientos con los globos —dijo Virgil con un dejo de remordimiento—. Traté de convencer a tus padres de que no te llevaran ahí después de saber de qué se trataba, pero no me escucharon.

A duras penas pude contener las lágrimas, pero lo hice porque no quería que

Fugitiva amish: el gran escape

alguien de afuera me viera llorar. Era bueno saber que había alguien de mi lado aunque los amish no lo escucharan. Él estaba orgulloso de mí por defenderme a mí misma y cancelar los turnos en las dos clínicas.

En el camino de regreso, Virgil me hizo más preguntas y las contesté lo mejor que pude. Lo que me golpeó más fuerte era la sugerencia de que me quedara en casa hasta los veintiún años.

—Me iría ya mismo si pudiera, pero decidí esperar hasta tener dieciocho años —dije deliberadamente—. Me sería imposible soportar tres años y medio más.

—¿Adónde vas a ir cuando te vayas? —quería saber—. No puedes vivir en la calle.

Me mordí el labio y dije: —No sé todavía. Es muy difícil hacer planes, especialmente porque soy mujer y tengo muy poca libertad. Tengo miedo que me descubran.

—¿Por qué no les dices a tus padres que te quieres ir? —preguntó.

—Me encerrarían —contesté secamente—. Además, jamás se repondrían porque es pecado vivir como los de afuera.

—Me encantaría ayudarte, pero arruinaría mi relación con los amish. No puedo darme el lujo de dejar que pase eso.

—No quiero que me ayudes aparte de darme algunas ideas de cómo salir.

Emma Gingerich

—Tendré que pensarlo, Emma. Tengo que ordenar mis ideas. Les prometí a tus padres hace un tiempo que les diría si uno de sus hijos me dijera algo acerca de irse.

—¡No, Virgil! No puedes decir nada. Seré amish para siempre si se los dices —me desesperé y empecé a apagarme.

—Les hice una promesa —dijo con expresión seria.

Mi corazón estaba latiendo un millón de veces por minuto. Tenía que convencerlo de que no se los dijera, pero no me salían las palabras.

—Creo que podría convencer a tus padres de que te dejaran ir —continuó Virgil—. Creo que querrían que su hija fuera feliz. ¿Por qué te lo negarían?

—No tengo palabras; no sé qué decirte —contesté y luego agregué—, si entendieras mi idioma podría explicarte mucho mejor por qué no se lo debes decir.

Se sonrió y dijo: —Espera un poco. Primero les daré pequeñas pistas acerca de tu situación para ver cómo reaccionan.

—Si usas mi nombre sospecharán que pasa algo.

—Solo te usaré como ejemplo.

—Son lo suficientemente inteligentes para darse cuenta y más aún porque saben que no soy feliz.

Fugitiva amish: el gran escape

—Bueno, tal vez no sea tan negro como lo pintas. Déjamelo a mí —insistió Virgil.

No dije nada más. Todavía temía que arruinaría cualquier posibilidad para irme si alguna vez se presentara la oportunidad. A mis padres no les importaba mi felicidad; les importaba su imagen como padres amish. Darme permiso para irme y hacer lo que quería les pondría en serios problemas con la iglesia. Estaba frustrada con la barrera del idioma; me impedía decir lo que realmente sentía.

Mientras Virgil se dirigía hacia el norte por la carretera 35, yo soñaba silenciosa en el asiento del acompañante de lo que sería la vida si me fuera. Me preguntaba si alguna vez ocuparía el asiento del chofer en mi propio vehículo. No podía imaginarme al volante, no solo porque probablemente chocaría, sino porque los vehículos se consideraban mundanos, y sería un pecado enorme tener uno. Tendría que superar ese temor.

Llegué a casa sintiendo que se me había quitado un peso enorme de los hombros pero se empezó a formar otro al preguntarme si Virgil les contaría mi confesión a mis padres. Tenía que soltarlo y esperar que si se enteraban, les quedaría cordura —y misericordia— en el corazón. Estaba decidida a seguir planeando mi escape hasta que se agotaran todas las opciones. Si solo hubiera alguien de afuera con quien vivir hasta poder valerme por mí misma pero ¿quién aceptaría semejante responsabilidad? Había arruinado mis posibilidades con Roger, aunque sentía que por algo se habían arruinado. No era él quien me podría ayudar aunque me había dicho muchas veces que le avisara cuando estuviera lista. Seguramente el Buen Hombre tendría otro plan para mí. Pensaba que sería fácil encontrar trabajo pero no creía que nadie me contrataría por ser amish. Por otra parte, no sabía casi nada del mundo exterior.

§

Las cosas comenzaron a normalizarse después de que dejé de ir al médico de globos y poco a poco recuperé mis fuerzas tomando medicinas a base de hierbas y manteniéndome positiva. Me propuse no volver a quejarme nunca más de un dolor de cabeza. Aunque cada día estaba más fuerte, me seguía doliendo y no había forma de ignorarlo. No era fácil bloquear los recuerdos de haber tenido la cabeza llena de globos.

Algunas noches me levantaba y me mantenía despierta porque mis sueños se habían vuelto tan feos. Pensaba que era mejor estar cansada al día siguiente que dormirme y repetir las pesadillas. Hubo días en los cuales estaba trabajando en la cestería y de la nada se me empezaban a caer las lágrimas. Me esforzaba por no dejar que Mem y mis hermanas me vieran. Me

Fugitiva amish: el gran escape

levantaba y desaparecía en la letrina hasta recuperar el control. Había un pequeño agujero en la pared de la letrina, más chico que el diámetro de mi meñique. Miraba por ese agujero y decía: —Algún día voy a pasar por este agujero y estar del otro lado mirando hacia adentro y no voy a volver nunca.

Virgil y yo no tuvimos muchas oportunidades para hablar de mis planes después de nuestra conversación. Cada vez que venía a la granja a visitar a mi papá, estaba segura que en cualquier momento se vendría el caos porque Virgil le habría contado de mí, pero no pasó nada. Pasaron semanas y meses mientras yo seguía trabajando constantemente en la cestería para no pensar. Había dejado de depender de la guía que me pudiera dar Virgil. Me faltaba un mes para cumplir los dieciocho cuando renació la esperanza. Estaba en el establo preparándome para ordeñar las vacas cuando Virgil llegó en su vieja camioneta azul y se estacionó cerca del lugar donde guardábamos el forraje para los animales.

—Oye, Emma, ¿podrías ayudarme a descargar este forraje? —me gritó.

Yo era la única adulta en el establo pero igual me resultó extraño que me pidiera ayuda. Así que me acerqué a la camioneta y agarré una bolsa, pero él me detuvo.

Emma Gingerich

—No hace falta que me ayudes —dijo—. Solo quería darte este número de teléfono por si todavía te quieres ir de casa.

Rápidamente me alcanzó un pequeño papel y me lo metí en el bolsillo sin mirarlo.

—Ahora —dijo Virgil en voz baja—, no sé quiénes son estas personas que aceptaron ayudarte, pero antes eran amish y un amigo relativamente nuevo me dio el número. Lo siento, pero es todo lo que puedo hacer para ayudarte porque no puedo arruinar mi relación con los amish.

—Gracias —logré decirle.

Mientras levantaba una bolsa de forraje, Virgil continuó: —Decidí no contarles a tus padres porque tu Datt no cumplió una promesa que me había hecho y discutimos, pero no te preocupes, es algo entre él y yo.

Recuerdo ese día como si hubiera sido ayer. Cuando Virgil me dio ese número, me sentí muy aliviada, pero sentí una carga muy grande en otro sentido. No tenía la menor idea de cuándo podría escaparme, pero antes de que pudiera preocuparme demasiado se presentó la oportunidad en el momento menos esperado. Era el comienzo del camino que luché por forjarme.

Capítulo 6:

Misión en acción

Debemos construir diques de valor para contener el diluvio del temor.
~Martin Luther King, Jr.~

Me desperté de una pesadilla. Miré el reloj: solo había pasado una hora desde que me había acostado. ¿Cómo era posible que solo una hora después de dormirme ya hubiera soñado que estaba de visita, tratando de escaparme de nuevo? En el sueño, habían pasado cuatro semanas desde que había ido a casa de visita y todavía estaba tratando de irme. Después de este tipo de sueños, siempre me siento aliviada cuando me despierto y me encuentro en mi propia cama en mi propio departamento, lejos de mi casa. Para asegurarme que solo había sido un sueño, me levanté, prendí la luz y miré a mi alrededor. Gracias a Dios, ya no soy amish. Pasé a la sala y prendí el televisor. He soñado muchas veces que estoy tratando de escaparme de los amish de nuevo y siempre es mucho peor de lo que sucedió en realidad. Muchas veces me pregunto por qué nunca sueño en volver y ser feliz en lugar de volver y quererme escaparme de nuevo. En vez de cuestionar mi decisión, veo cada pesadilla como una señal de que hice lo correcto en irme.

§

Era una tarde fría cuando me alejé de la única vida que conocía. Esa mañana, cuando Mem y Datt dijeron que iban al pueblo, a casi treinta kilómetros, mi corazón pegó un salto. Supe al instante que era mi oportunidad de escaparme. Mis padres no podían estar en casa cuando por fin llegara el momento.

No podía esperar para contarle mis planes a Sarah. Estaba en el establo ordeñando nuestras dos vacas Guernsey antes del desayuno. Decidí esperar hasta después de que Mem y Datt se fueran para que no dijera nada sin querer.

Sarah siempre me había acompañado cuando planeaba mi escape. De todos mis hermanos, era la única a la que podía abrirle el corazón y ella me alentaba. Ella también quería dejar a los amish, pero decidimos que yo debería ir primero, sola, y después volvería a buscarla.

A esos de las diez, la llevé a Sarah a la cestería y le susurré cuidadosamente: —Hoy es el día en que me voy. —No había nadie, pero me sentía más segura hablando en voz baja.

Fugitiva amish: el gran escape

Sarah me miró durante varios segundos, asustada, pero me regaló su mejor sonrisa y dijo:
—Dale y prepárate para que yo vaya también. ¿Cómo me vas a decir cuándo puedo ir?

—No sé todavía. Tengo que esperar para ver adónde termino. También tenemos que ver cómo reaccionan Mem y Datt cuando se enteren de que me fui. No sé si podré enviarte una carta porque Datt va a querer leer todo lo que llegue por correo.

Sarah dijo: —Bueno, ya nos la arreglaremos de algún modo. Aunque más no sea, te enviaré alguna carta y te avisaré si tengo una oportunidad para salir.

Empecé a ponerme nerviosa porque me di cuenta que esta sería mi última conversación con Sarah, mi mejor amiga y la única persona que me entendía, por tiempo indeterminado. Sabía que la próxima vez que la viera todo sería diferente. Yo sería una inglesa y una paria. Quería abrazarla y decirle que la amaba pero en mi familia nunca se expresaba el afecto; habría sido muy incómodo hacerlo entonces.

La dejé a Sarah en silencio y fui al taller de Datt para hacer una llamada. Otra adolescente rebelde de mi comunidad me había dado un celular. Lo tenía escondido en mi habitación. Jamás había usado un teléfono celular aparte de para ver cómo funcionaba. Me sentía más cómoda usando el teléfono en el taller

Emma Gingerich

porque podía mirar por las ventanas y ver desde todos los ángulos. Tenía que asegurarme de que nadie entraría. Aunque mis padres no estaban en casa, estaba asustadísima. Sería un desastre total que me descubrieran con un teléfono.

Llamé el número de Roger esperando que contestara sin sorprenderse demasiado.

—Hola, Roger. Habla Emma —le dije cuando contestó. Estaba tan nerviosa que tenía el corazón en la boca y casi me olvido de respirar.

—¿En qué puedo servirte, Emma? —preguntó.

Rápidamente le expliqué quería escaparme de los amish y le pregunté si me podía buscar. No había hablado con Roger desde que me descubrieron sentada en su vehículo, pero tenía la esperanza que todavía querría ayudarme.

No lo podía creer cuando me dijo: —Me parece que no puedo hacerlo. Estoy un poco ocupado ahora.

Quería gritar: *¡¿Por qué?!* Pero estaba demasiado sorprendida porque justo ahora, cuando por fin estaba lista para irme, no quería buscarme. No sabía cómo reaccionar. Durante los últimos tres años siempre me había apoyado hasta que se cortó la comunicación durante el último año. Le había escrito una carta, pero no estaba segura de que la había recibido.

Fugitiva amish: el gran escape

—Gracias por tu tiempo —le dije cortésmente. Ya estaba por cortar cuando me preguntó: —¿Estás segura que realmente vas a hacer esto?

—Estoy segura. Sé que esta es la mejor oportunidad que tendré. No te preocupes, puedo pedirle a otro que me busque.

—¿Quién? —me preguntó.

—No sé todavía —mentí. Tenía una idea pero ahora estaba irritada y por eso no se lo iba a decir. Además, mi próxima opción era un desconocido y no se lo quería explicar a Roger.

Me dijo: —Bueno, llámame una vez que te escapes.

—Está bien. Tengo que cortar ahora.

Después de desconectarme, comencé a desesperarme. Tenía la sensación de que Roger realmente no estaba ocupado como había dicho. Empecé a preocuparme de que todos se iban a echar para atrás cuando les pidiera ayuda para escaparme. La sola idea me ponía nerviosa. No había recibido este celular para nada; se suponía que iba a ser útil para escaparme. Fui de un lado al otro durante varios minutos, pateando restos de madera de Datt. Por fin me animé a llamar a la otra persona pero no tenía muchas esperanzas.

Llamé al número que Virgilio me había dado varias semanas antes. Si tan solo lograba pulsar el botón para hablar, estaría bien. Lo pulsé con manos temblorosas.

Emma Gingerich

Rin... Rin... —¿Hola?

Pausa. —Este... m-me llamo Emma Gingerich.

—Sí, estábamos esperando tu llamada —dijo la mujer en el otro teléfono—. Solo que no pensábamos que sería tan pronto.

Me di cuenta que no tenía pensado cómo encontrarnos pero me concentré y pregunté: —¿Podrían buscarme hoy?

—¿A qué hora? —preguntó la mujer.

—¿A las dos?

—Está bien. Nos veremos entonces.

¡Vaya!... eso fue fácil —pensé al cortar después de decirle dónde encontrarnos. No conocía a la persona que acababa de llamar, ni siquiera conocía su nombre o tal vez me lo haya dicho y yo estaba demasiado nerviosa para recordarlo, pero generosamente aceptó buscarme. Tenía que caminar seis kilómetros y medio hasta el próximo pueblo porque no sabía cómo dar indicaciones hasta la comunidad amish por teléfono. Además, quería estar fuera de la vista para que nadie viera quién me llevaba. Quería ser muy discreta para que mis padres no me encontraran y me llevaran de vuelta a casa. Había oído hablar de varios casos en los que los padres encontraron a sus hijos fugitivos y los convencieron de volver. Estaba decidida a no dejar que eso me sucediera a mí hasta que estuviera segura de poder valerme por mí misma.

Fugitiva amish: el gran escape

Volví a la cestería donde encontré a Sarah martillando clavos en el banco de trabajo.

—¿Sarah? Los clavos no van ahí; los estás desperdiciando.

Sarah me contestó tímidamente: —Lo sé, pero tenía ganas de martillar algo.

No me animé a decir nada más. Sabía que tenía miedo y no sabía cómo hacer que se sintiera mejor. Además, tenía un nudo en mi propio estómago y no quería decirle que todo iba a estar bien cuando yo misma no estaba tan segura de ello.

Por fin, después de estar sentadas un rato en silencio, Sarah preguntó: —¿Llamaste a Roger?

—Sí y me dijo que no.

Sarah me miró alarmada. —¿Y ahora qué?

—Llamé a otra persona al sur de Bethany y una mujer aceptó buscarme a las dos. Voy a caminar hasta Blythedale y me va a encontrar en el banco. Tendré que salir a las 12.30.

Sarah no dijo nada. No hacía falta; su expresión me delataba lo que estaba pensando. Me dije *Dios mío, la voy a extrañar tanto*. Miré sus hermosos ojos azules, su cabello rubio. Siempre había sido la graciosa, la que hacía chistes y decía las cosas más ocurrentes. Si yo me metía en líos, ella me acompañaba. Al crecer, las dos habíamos llegado a odiar a Datt de todo corazón. Pensábamos que era demasiado perezoso y muchas veces se hacía el enfermo para que le hiciéramos el trabajo. Comenzó a hacerlo cuando sus hijos habían crecido lo suficiente para mantener la granja y ganar dinero. Sarah interrumpió mis pensamientos para decirme que iba a la casa para preparar el almuerzo.

—Enseguida voy para ayudarte —le grité cuando salía de la puerta y me miró un momento para sonreírme. *Por lo menos está intentando ser alegre* —pensé. Miré la cestería: *Este edificio se ha convertido en un desastre.* El material que usábamos para hacer las cestas estaba desparramado por todo el piso, con un camino apenas lo suficientemente ancho para caminar desde la silla donde estaba sentada hasta la puerta. Estaba tan cansada de hacer cestas. Mem dependía de mí para ser la principal tejedora de cestas y pensé que a lo mejor después de irme el negocio quedaría en la nada. Me dio miedo.

Me levanté y fui a la casa. No quería pensar en lo que iba a pasar porque sabía que me sentiría triste por dejar a Mem con todo el trabajo. Ya sabía que el hecho de dejar a los amish destruiría a Mem y no podía pensar más allá de eso.

Después de almorzar y lavar los platos me quedaban treinta minutos para prepararme. No comí mucho porque los nervios habían

Fugitiva amish: el gran escape

comenzado a apoderarse de todo mi cuerpo. Sarah charlaba y se reía como si no estuviera por ocurrir nada fuera de lo común. Me alegraba el corazón ver que pudiera actuar tan normalmente que los otros chichos no se dieran cuenta que algo iba a pasar.

Subí la escalera una vez más para juntar mis pequeños ahorros, fruto de las artesanías que vendía en la parada de camiones. Me quedé en el dormitorio un momento, sabiendo que sería la última vez. Había pasado muchas noches aquí, llorando y orando en secreto. Era el único lugar donde podía estar a solas y desahogarme en las paredes para poder sentir que estaba ganando.

Me saqué la cofia blanca y la miré un momento. —Espero que sea la última vez que te vea —dije por lo bajo. Odiaba el sábado porque significaba que tenía que planchar una cofia y sentarme en una mesa para hacerle pliegues en la parte de atrás. Los pliegues tenían que ser de cierto tamaño y la cofia tenía que ajustarse perfectamente para cubrirme el cabello. Satisfecha con mi última queja, puse la cofia en el último cajón. No lo necesitaba; usaría un pañuelo.

Al salir del dormitorio, me invadió el alivio. En ese momento supe que estaba haciendo lo correcto. Bajé la escalera y fui a la sala. Sam estaba en el sillón descansando antes de volver al trabajo. Rhoda también estaba sentada, leyendo un libro. Tomé pluma y papel de una mesa y escribí una nota para mis padres en inglés.

Mamá y Papá:

Ha llegado el momento de irme; ya no soy feliz aquí. Lamento hacerles esto pero necesito probar una vida diferente. No se preocupen por mí. Estaré bien.

Emma

Doblé el papel y lo puse en la mesa. Le pedí a Sam que se asegurara de que Mem y Datt recibieran la nota. Me di vuelta y salí antes de que me pudiera preguntar nada. No tenía idea de lo que estaba por hacer. Sarah estaba en la puerta y escuchó lo que le dije a Sam. Estaba colorada y no me animé a despedirme de ella. Sin embargo, me hacía bien que supiera lo que estaba haciendo, pero al mismo tiempo me preguntaba cuánto dolor le estaba causando. Todos sabían que Sarah y yo éramos muy unidas, de modo que estaba por poner el peso de mis acciones en sus hombros.

Así que a las 12.30 del mediodía, salí por la puerta y dejé para siempre la única vida que había conocido.

§

Fugitiva amish: el gran escape

Crucé la entrada hasta la cestería y salí por la puerta trasera. Corrí por un campo hoscamente arado, trastabillando en los terrones de arcilla. Pasé rápidamente por un cerco de alambre de púas y entré en el camino de ripio. Al llegar a un grupo de árboles cerca del camino bajé de velocidad; quería alejarme lo más posible antes de que alguien me viera. Todo parecía haber estado arreglado para que me fuera ese día, en ese momento exacto. Nuestros únicos vecinos amish, los Byler, no estaban en casa. Gracias a Dios. Habría tenido que ir por otro camino si hubieran estado en casa porque hubiera sido imposible pasar por su casa sin que me vieran.

Había hecho como un kilómetro y medio cuando sentí el galopar de un caballo, Me di vuelta y vi a mi hermano Sam, sentado bien derecho, respirando fuerte.

—¿Adónde vas? —preguntó.

Qué pena, realmente está preocupado por mí; parece estar más asustado que yo. Me compuse rápidamente y dije: —Alguien me va a buscar y todavía no voy a decir adónde voy a estar. No te tendrías que haberte molestado en seguirme.

—Rhoda quería que te preguntara qué te crees que estás haciendo. Leyó la nota que dejaste para mamá y papá —dijo, tratando de recuperar el aliento.

Emma Gingerich

—Decidí dejar a los amish y no hay nada que puedas hacer para convencerme de lo contrario. Tengo que encontrar una vida diferente: ya no soy feliz en casa.

Sam me miró. —Está bien —dijo por fin—. *Machts gute*, cuídate. —Y con eso pegó la vuelta y lentamente emprendió el regreso. Lo miré hasta que se perdió de vista. Me dio lástima, porque era obvio que estaba muy preocupado por mi decisión.

Mientras caminaba, no podía olvidar el rostro pálido de Sam al alejarse, con el sombrero de paja tapándole la frente. Siempre había pensado que Sam se escaparía antes que yo. Nunca habló del tema conmigo, pero podría haber pasado porque había estado tan mal en casa el primer año después de terminar la escuela. Tenía mal genio y se peleaba don Datt todo el tiempo. Pero después consiguió trabajo en un taller de techos de acero y de a poco se volvió más feliz.

Al caminar empecé a darme cuenta que en verdad estaba dejando a los amish y que no era una pesadilla sino un sueño hecho realidad. Caminé durante una hora y media en total y llegué al lugar acordado un poco temprano. Me paré frente al banco, mirando pasar los autos y pensando que no parecía realidad. Esperaba que pronto yo también estuviera manejando. Me preguntaba si sería fácil cambiar de un caballo a

Fugitiva amish: el gran escape

un auto. Una camioneta Ford roja pasó lentamente y la mujer que la manejaba estaba mirando a su alrededor como si no estuviera segura adónde ir. Presentía que era mi chofer. Mi corazón empezó a latir más fuerte cuando volvió y entró al estacionamiento del banco. *Sí, esta tiene que ser la persona que me iba a buscar.*

Me acerqué y le comencé a hablar, confirmando que era quien pensaba. La mujer se llamaba Kate y me dijo que entrara del lado del acompañante.

—¿Estás segura de que todavía quieres hacer esto? —preguntó, seria, mientras me subía.

—Sí, estoy completamente segura.

—Está bien. Solo quería asegurarme de que supieras en qué te estás metiendo.

Cuando Kate retrocedió para salir del estacionamiento y giró a la derecha en la carretera, sentí un alivio inmenso. Había estado en este camino muchas veces en carro a caballo y, si todo salía bien, la próxima vez que pasara por el pueblo estaría manejando un vehículo con cuatro ruedas y ningún caballo.

Cuando llegué a su casa, me presentó a su pequeña familia y me preguntó si estaba lista para ponerme ropa diferente. Dijo: —Puedes elegir ropa de esta bolsa.

Miré mi vestido largo y mis zapatos negros con cordones. Pensé en la cantidad de veces que había querido deshacerme de ellos.

Estaba cansada de coser vestidos y asegurarme de que quedaran bien para que no se quejaran los presumidos.

—Sí, estoy lista —contesté. Saqué un jean y una camisa de mangas largas de la bolsa y Kate me acompañó al baño. Para que los niños no oyeran, dijo en voz baja: —¿Tienes corsé?

—Sí, pude conseguir uno —contesté tímidamente. No me sentía cómoda hablando de cosas de mujeres.

—Sabía que las mujeres amish no usaban corsé así que me preguntaba si sabrías cómo usarlo. Mañana iremos a comprar ropa interior y otras prendas que necesites. —Me sonrió mientras me alcanzaba toallas y me mostraba cómo funcionaba la ducha. Después me mostró una afeitadora y crema de afeitar, y dijo: —Tal vez quieras pensar en afeitarte y, por si no lo sabías, eso es desodorante. —Indicó un frasco de forma rara sobre la mesada del baño. —Si necesitas algo, estaré en la sala. —Todavía sonriente, cerró la puerta y me dejó parada en el baño, muda.

No le pude decir una sola palabra. Esto era abrumador: jamás me había duchado con grifos y agua corriente. Siempre había sido una tina de metal y había tenido que llevar el agua en un cubo. Las mujeres amish no se afeitan y comencé a preguntarme si sería cierto lo que había oído del «mundo inglés», que las mujeres se

Fugitiva amish: el gran escape

afeitaban las piernas y las axilas. No tenía vello facial; ¿para qué serían esta máquina y la crema si no para afeitarme las piernas? Me daba mucho miedo hacerlo.

Y después estaba el desodorante. *Dios mío. ¿Para qué será esto?* Me acordé de que una vez había encontrado algo similar en el cajón de Jacob, pero estaba tratando de esconderlo. No me animé a preguntarle lo que era porque no quería que supiera que lo había visto. Sabía que algo escondido significaba que era privado. Siempre supuse que como estaba saliendo con una chica, tenía algo que ver con ella. Ahora estaba parada frente a ese frasquito, sin saber lo que sería. Lo levanté y leí la etiqueta, y así pude determinar para qué se usaba.

Para cuando había procesado todo empecé a sentir presión en la cabeza. Era mucha información para digerir sin quedar como idiota. Abrí el agua en la ducha y me pregunté si tendría que afeitarme primero y ducharme después. Estaba demasiado confundida. *No voy a afeitarme ahora. Necesito más tiempo para pensarlo.*

Después de ducharme, saqué mi única ropa interior del bolsillo de mi vestido. *Ya no voy a usar los shorts amish hechos a mano* —pensé. Unos seis meses antes había estado en el pueblo sola, curioseando en una tienda de segunda mano. Quería comprar ropa pero no sabía cómo llevarla a casa sin que Mem la viera. Después vi los corsés y decidí que eran lo suficientemente pequeños para esconderlos. El único problema era que no sabía qué tamaño llevar. Finalmente agarré uno, junto con la ropa interior, rogando que me quedaran bien. La cajera me miró con cara rara cuando pagué. Supongo que sabía que las mujeres amish no usaban estas cosas. Una vez que las cosas estaban en casa, a salvo, escondidas en mi habitación, comencé el proceso de aprender a usar el corsé y de preguntarme cuándo podría hacerlo.

Me puse el jean y la camisa de prisa y me peiné el cabello secado con la toalla. Esta vez me lo dejaría suelto. Se acabaron los rodetes y las gorras. *Se acabaron los límites* —pensé al echarme un vistazo en el espejo. Se me veía cansada. Ser fugitiva me estaba agotando. No estaba segura de qué pensar de mi nuevo aspecto. Me daba miedo mirar demasiado en el espejo. Estaba orgullosa de haber llegado hasta aquí pero todavía estaba abrumada por todas las cosas diferentes que había procesado hasta entonces ese día. *A lo mejor me daré cuenta de todo esto mañana.*

Debo haber pasado más de una hora en el baño, mucho más de lo que había estado en un baño toda la vida. En casa la letrina no era un lugar para detenerse.

Fugitiva amish: el gran escape

Esa noche me dormí en cuanto puse la cabeza en la almohada. Estaba demasiado agotada para pensar demasiado en mi familia. Parecían estar muy lejos de mis pensamientos.

Me desperté con un sol radiante que entraba por la ventana. Miré afuera y vi que en algún momento de la noche había nevado, dejando todo limpio y brillante. Millones de resplandecientes cristales de nieve me decían que había más ángeles de los que podía contar protegiéndome y dándome la bienvenida a un nuevo mundo. Había dormido mejor que en mucho tiempo y ahora empecé a preguntarme qué estaría pasando en casa.

Me imaginé que mi Mem no habría dormido nada y que tendría los ojos rojos de llorar toda la noche. Probablemente no había tenido la energía para preparar el desayuno. Tenía una sensación horrible de que lo estaba tomando muy mal. Mem había trabajado duro toda la vida y siempre hacía lo que podía para poner comida en la mesa. No era tan estricta como Datt pero si estaba molesta por algo, había que enderezarse rápido. Podía imaginar a Datt, sentado en la silla de siempre, fumando la pipa después de interrogar a Sarah sobre mi paradero. Por supuesto que Sarah no sabía exactamente dónde estaba, así que no me preocupaba que me encontraran antes de que me fuera para comenzar mi nueva vida. Le había advertido a

Sarah que sería la primera persona a la que interrogarían. Aunque me aseguró de que podía manejar la presión, comenzó a preocuparme que mi padre se descontrolara y le pegara si no le decía todo. Sabía que Sarah se mantendría firme y que no le daría más información de lo necesario, y sabía que eso la podría meter en dificultades. Cerré los ojos y oré por ella.

Ahora sentía ruido que venía de abajo y decidí no pensar más en mi familia para concentrarme en el nuevo día. No veía la hora de ir de compras: sería tan lindo estar de pantalón y camisa, y sentir el aire fresco en mi pelo largo. Todo esto sonaba a libertad. *Ayer había estado en un capullo* —pensé—, *y hoy me había transformado en mariposa.* Esto era la libertad. Por fin.

Capítulo 7:

Nada me puede quebrar

Es asombroso cómo pueden cambiar las cosas cuando se abraza la realidad.

~Steve Maraboli~

No es lo alto que suba ni lo lejos que vaya; mi verdadera medida como persona es lo lejos que reboto después de caer y si caigo parada o no. Creo que caí bien parada después de un rebote muy alto. Todavía me pregunto cómo me atreví a dejar la única vida que había conocido. Si hubiera sabido con un día de anticipación que me iría al día siguiente, ¿me habría arrepentido y habría cambiado de parecer? Tal vez. Sabía que el quiebre llegaría tarde o temprano, pero pensaba que lo sabría por lo menos varios días antes. No obstante, las puertas se habían abierto de par en par cuando me desperté esa mañana hermosa y en mi mente vi un cartel que decía *Ponte el trasero en marcha y sal de aquí mientras puedes.* Cuando me alejé ese día, sentía que *tenía que ser*, pero el futuro era muy incierto. Tenía años para planear mi futuro, pero no lo podía planear porque no sabía lo que estaba disponible en el nuevo mundo.

No tenía idea de lo que iba a pasar ni de adónde terminaría, pero me encontré con una familia muy buena y alentadora que me ayudó a empezar con el pie derecho. Después de mantener un perfil bajo en Missouri por un par de semanas me enteré, a través de un primo que se había ido de los amish varios años antes que yo, de que mis padres me estaban buscando por todas partes. Quería alejarme lo más posible antes de decirles dónde estaba. No pasó mucho tiempo antes de que mi nueva familia ofreciera llevarme hasta Texas, donde tenían conocidos — Noel e Irma Wiley. Era una coincidencia que yo también los conociera. Había visto a Noel e Irma muy brevemente en el 2005 cuando llevaron caballos a nuestra granja para que mis hermanos los domaran y se pudieran montar y usar para tirar carros. Texas estaba más lejos de casa de lo que jamás me había imaginado estar pero, como quería estar lejos de todo, resultó ser perfecto.

Acepté la oferta y terminé en San Benito, cerca de la isla South Padre y la frontera con México. Durante el viaje paramos en el Álamo en San Antonio. No estaba preparada para lo que estaba por ver y aprender al caminar por ese edificio sagrado. No sabía que la gente se peleaba y se mataba en la vida real. Me mareaba y me emocionaba aprender de la Revolución de Texas.

Fugitiva amish: el gran escape

A los amish no se les enseñaba historia de guerras ni del mundo en general. La historia del mundo moderno se consideraba irrelevante para nuestra comunidad.

Cuando llegamos al valle del río Grande, los Wiley aceptaron darme un lugar para quedarme en San Benito. Todavía eran extraños para mí pero sabía que, si quería empezar mi nueva vida, tendría que aprovechar cualquier oportunidad que Dios me diera. Sabía que mis padres tenían el corazón destrozado y que necesitaban respuestas, pero esperé hasta estar a salvo en Texas antes de escribirles una carta. Esperaba que les consolara saber que estaba al cuidado de una familia que conocían. Lo ideal habría sido una conversación cara a cara con mis padres antes de partir hacia Texas, pero yo sabía que Datt aprovecharía cualquier oportunidad para llevarme de vuelta a casa. No podía permitir que sucediera eso.

Pronto después de llegar a San Benito me instalé en un pequeño departamento de los Wiley. Me puse a trabajar para su hija, Laura Jo, limpiando las casas recién construidas en su subdivisión. Laura Jo se convirtió en una combinación de madre y mejor amiga para mí. Tenía cerca de cincuenta años y estaba casada con un hombre maravilloso con quien tenía dos hijos grandes. Yo estaba convencida de que había una razón por la cual Dios me había enviado allí.

A ella le encantaba enseñarme cosas nuevas, como comidas y películas, pero la mejor presentación que me hizo en mi vida nueva ocurrió cuando me mostró sus lentes de contacto.

Estaba cenando en un restaurante con Laura Jo y su esposo Bill cuando trataron de convencerme de que algunas personas usaban lentes de contacto en lugar de anteojos. Yo no sabía cómo eran, así que Laura Jo se sacó las suyas. En cuanto se sacó una, pegué un grito y un salto. ¡Pensaba que se había sacado el ojo! Yo había usado anteojos desde los trece años y jamás había oído de una alternativa. En ese momento juré que jamás usaría lentes de contacto. En realidad, ese juramento duró solo ocho meses y he estado usando lentes de contacto desde entonces.

Mientras trabajaba para Laura y me acostumbraba a mi nueva vida, también me ocupé en encontrar mi acta de nacimiento. Me había acordado de revisar el escritorio de Datt donde guardaba un gran sobre amarillo que contenía los certificados de nacimiento de todos con las huellas plantares, pero no tenía mi acta de nacimiento oficial. Había sacado mi certificado varios meses antes de irme. Menos mal que lo tenía porque era la única prueba de mi identidad y lo necesitaba para obtener el acta de nacimiento del hospital en Ohio donde había nacido.

Fugitiva amish: el gran escape

Muchos suponen que las mujeres amish no dan a luz en un hospital. En realidad depende de la situación y del estado de la madre llegado el momento. Algunos de mis hermanos nacieron en casa y otros en el hospital.

Después de obtener mi acta de nacimiento, el próximo desafío era solicitar un número de Seguro Social. Tenía miedo de hacerlo porque los amish no creían que las mujeres debieran tenerlo, pero me di cuenta que era importante estar inscripta y tener una tarjeta con mi número. Recordaba haber oído a Datt hablar de los números que el gobierno le daba a la gente para poder seguirle el rastro. Me preguntaba si habría estado hablando de esto. Me costó un poco obtener el número de Seguro Social porque no tenía suficientes documentos para probar quién era. El acta de nacimiento no bastaba. La oficina del Seguro Social me dijo que necesitaba conseguir información de mis padres y registros escolares. Ninguna de esas opciones estaba disponible. Tampoco ayudaba vivir tan cerca de la frontera con México. Sin embargo, después de seis largos meses de paciencia y determinación, finalmente recibí la tarjeta por correo.

Enterarme de que no tenía suficiente información me pegó bastante fuerte. Empecé a entender lo verdaderamente difícil que era dejar de ser amish. No solo era cuestión de dejar la comunidad; era despojarme de mi identidad amish y encontrar otra, nueva y diferente. Tardé un tiempo en encontrar mi nuevo ser. La parte más difícil era tratar de deshacerme de las imágenes mentales y de la sensación que todavía tenía de usar ropa amish.

Los amish se identifican fácilmente por su vestimenta simple, que es obligatoria en su esfuerzo por ser «sencillos» y ajenos al mundo. Muchas veces me había dado vergüenza estar afuera donde la gente «inglesa» me podía ver porque sentía sus miradas y oía que se burlaba de mi cofia y de mi vestido largo. Los jóvenes eran los peores. Quería acercarme y decirles que no quería vestirme así, que no tenía alternativa. Probablemente lo habría dicho en alemán, pero al menos mi frustración les habría comunicado algo. No me había dado cuenta de que la odiada ropa amish que estaba obligada a usar en realidad había contribuido a formar mi autoestima. Durante varios años después de irme de casa sentía que todos seguían viéndome como una chica amish en un largo vestido oscuro y una cofia blanca. Me costaba estar en público aunque llevara jean y camiseta. Las miradas que vi y las risas que oí cuando todavía eran amish estaban grabadas en mi memoria.

Pronto descubrí que sin mi ropa amish era más vulnerable que nunca. No había entendido que mi vestido y mi cofia habían sido algo así

Fugitiva amish: el gran escape

como un escudo, pero empecé a darme cuenta de lo que Virgil me había querido dar a entender cuando me dijo que había mucha gente en el mundo dispuesta a aprovecharse de alguien como yo. No entendía el verdadero significado de la frase «aprovecharse». Lo descubrí a la fuerza cuando un mexicano me violó dos veces dentro de los primeros siete meses que viví en Texas. Era cuarentón y tenía esposa y varios hijos. Lo conocía porque trabajaba en la misma subdivisión donde yo limpiaba casas. Cuando me violó, yo me había mudado del departamento y vivía en el campo con los Wiley.

Los Wiley se habían ido de viaje a Missouri y Minnesota y me habían dejado sola en su casa grande de dos pisos. Una mañana salí de la casa para regar las flores y después me duché en el piso superior. No se me había ocurrido cerrar la puerta con llave cuando entré. El hombre abrió y subió la escalera hasta el baño. Me asustó terriblemente. Me agarró y me cargó hasta el cuarto de huéspedes y, aunque pateé y grité, no sirvió de nada. No recuerdo mucho después de que me tiró encima de la cama, salvo que lo que me hizo me causó un dolor infernal.

Cuando se fue, fui gateando al baño y me di cuenta que estaba sangrando. Cuando me miré en el espejo no me reconocí por la conmoción. Tenía la cara colorada y mis ojos verdes, ahora de un gris oscuro, tenían la mirada fija y muerta.

Emma Gingerich

Mi pelo estaba tan desaliñado que parecía indigente. Me vestí y me metí en mi propia cama. Me quedé ahí todo el día, sin dormir, sin llorar, sin mover un músculo. Solo recuerdo estar tirada ahí con la mente galopando en diferentes direcciones. Entré en un modo de confusión y me olvidé de comer durante varios días. De algún modo las pesadillas iban y venían sin que me diera cuenta.

Después de hibernar varios días, recuperé la fuerza suficiente para ir a la clase de matemática, parte de mi preparación para el diploma de educación general (GED) en una escuela especial para gente que buscaba mejorarse. Sin embargo, estaba tan *fer huddled* (confundida) que no pude soportar la clase entera y salí temprano. Lo peor era que no sabía lo que me había pasado ni si debía contárselo a alguien. Por fin comencé a desahogarme, pero solo durante la noche cuando los recuerdos dolorosos me mantenían despierta. De día no me molestaba tanto porque me mantenía ocupada estudiando para el examen del GED. Al mismo tiempo iba al centro de alfabetización en el pueblo tres veces por semana para aprender inglés y en mi tiempo libre trabajaba en un rancho para una mujer que criaba caballos para montar. Había dejado de trabajar para Laura Jo porque ya no había suficiente para hacer, de lo

Fugitiva amish: el gran escape

cual me alegraba porque no quería encontrarme con el hombre que me había lastimado.

Aunque me mantenía ocupada, todavía me sentía tan asquerosamente sucia que no podía bañarme lo suficiente como para sentirme limpia. No se lo conté a nadie y decidí guardármelo porque, después de todo, es lo que habían enseñado en casa. Estaba tan acostumbrada a no poder hablar de las cosas que no tenían sentido que creía que lo que me había hecho ese tipo era algo que las mujeres tenían que aceptar.

En el momento de la violación, ni siquiera sabía lo que se llamaba. No sabía nada acerca del sexo, lo que dificultaba aún más explicar mi experiencia horrorosa aunque hubiera querido hacerlo. Culpo a los amish por no haberme enseñado acerca del sexo. Mis padres jamás dijeron una palabra al respecto y yo estaba tan aislada que ni siquiera se me ocurrió preguntar. Siempre me había parecido extraño que a las chicas no se les permitiera estar cerca del establo en ciertos momentos y más tarde me di cuenta que era porque los animales se estaban apareando y nuestros padres estaban impidiendo que nos enteráramos. Creo que si hubiera sabido acerca del sexo y si se me hubiera enseñado cómo los hombres debían tratar a las mujeres, podría haber evitado la violación, especialmente cuando ocurrió por segunda vez.

Emma Gingerich

Poco más de una semana después, volvió el mismo hombre. Esta vez fue al atardecer y, por supuesto, yo ignoraba que volvería. Sencillamente supuse que sabía cuánto me había lastimado la primera vez y entonces, ¿por qué hacerlo de nuevo? Yo estaba afuera, jugando con los caballos de los Wiley. Antes de que me diera cuenta, apareció frente a mí. No oí un vehículo ni vi a nadie hasta que era demasiado tarde. Mi cuerpo se paralizó en cuanto lo vi. Inmovilizada por el miedo, no pude correr, ni gritar ni respirar. Supe desde el momento que me agarró del brazo y me arrastró hacia la casa que no serviría de nada luchar. Él era un matón de casi cien kilos con músculos enormes y yo una ingenua niña amish de cuarenta y cinco kilos que no sabía cómo luchar ni defenderse.

§

Me recuperé más rápido la segunda vez, principalmente porque estaba decidida a no permitir que fracasaran mis sueños para el futuro. No quería volver a la tierra amish, pero sabía que si no lograba superarme era exactamente lo que pasaría. Tenía que mantenerme fuerte y seguir adelante, pero las experiencias dolorosas me pesaban mucho. Todos los días era una lucha sonreír a los demás, pero lo hice de todos modos.

Fugitiva amish: el gran escape

Varias semanas después, mientras buscaba una explicación de lo que había pasado, vi un reportaje por televisión acerca de un hombre sentenciado a prisión por la violación y el asalto sexual de una muchacha. Mi instinto me dijo que era lo mismo que me había pasado a mí. Ya había aprendido a usar Google en Internet, así que hice una búsqueda sobre la violación. De repente todo se hizo claro. Me enteré de la violación, el incesto, el suicidio y el asesinato. Mi cerebro no podía comprender todas las cosas extrañas que estaba aprendiendo. Tenía un diccionario para buscar las palabras que no entendía, y aun así solo capté la idea principal. Seguí hurgando en Internet hasta que por accidente encontré información inquietante acerca de varias personas amish, entre ellas mi abuelo. Nunca conocí bien a ninguno de mis abuelos y, después de ver lo que había hecho uno de ellos, me revolvió el estómago. Otra persona salida de los amish, a quien yo no conocía, había puesto la información en Internet.

La iglesia amish se encarga del castigo, sometiendo al ofensor a un proceso de rechazo que dura seis semanas. Después de eso, el ofensor tiene la opción de pedir perdón, cuando todo vuelve a la normalidad. Pueden cometer actos criminales por los cuales tendrían que ir a prisión por diez a veinte años en el mundo inglés.

Emma Gingerich

Los amish prefieren sufrir abusos e insultos antes de involucrarse en cualquier tipo de sistema judicial. Consideran que es demasiado «mundano» y se puede rechazar a una persona que lo usa para beneficio propio.

Sabía quién era el hombre que me violó y tenía miedo de que lo volviera a hacer si yo no lo detenía. Pero era difícil. Les podría haber dicho a Laura o a los Wiley cuando volvieron después de tres semanas de viaje, pero no me animaba a hacerlo. No estaba segura de cómo abordar el tema y tenía miedo de que mandaran a casa. Temía que me estaba convirtiendo en una enorme carga en la vida de los Wiley.

Pasaron varios meses y me volví tan distraída y disfuncional que no podía comer ni dormir. La gente que me rodeaba se dio cuenta que algo andaba mal y algunos comenzaron a insistir que lo largara. Finalmente no pude lo contener más y comencé a contarlo una mañana después de otra larga noche sin dormir. Estaba tan cansada de guardarme todo y sabía que tenía que hacer algo antes de bajar todavía más de peso.

Se tomaron medidas inmediatamente y la policía arrestó al hombre. Los Wiley me llevaron a la comisaría donde presenté una denuncia en contra de él. No tenía idea de lo que estaba haciendo pero hubo muchas personas que me

Fugitiva amish: el gran escape

ayudaron. La corte lo sentenció a tres años de prisión, tras lo cual fue deportado a México.

Después de la violación recordé las palabras de mi hermano Jacob: «No dejes que Elmer te haga nada». Más de un año después recibí las respuestas a las preguntas que me había hecho esa noche. Me di cuenta de que Jacob había querido protegerme pero, si realmente pensaba que podía pasar algo malo, ¿por qué no me educó? No lo sabré nunca. Yo había hecho varias cosas imperdonables a los ojos amish cuando estaba en mi casa y nunca se me había ocurrido que realmente pudiera suceder algo malo. Había tenido suerte.

Inmediatamente después del arresto, sentí que podía seguir adelante. Sin embargo, la policía y otros me alentaron a ir a terapia aunque yo pensara que estaba bien. Les hice caso y fui una vez. Miré atónita a la mujer que me hacía preguntas sobre la violación. Me levanté y salí del consultorio antes de tiempo sin contestar ninguna pregunta. No podía abrirme con una persona completamente desconocida. Me di cuenta que cada desafío que se me presentaba era una oportunidad para volverme más fuerte y que no necesitaba terapia. Me sentía mucho más segura y no le veía el sentido a seguir llorando por lo mismo. Además, estaba ocupada con mis clases para el GED. También me preocupaba más reparar la relación con mi familia y tratar de sanar la herida producida por mi rechazo del estilo de vida amish, así que más que nunca quería olvidar la violación.

§

En el otoño de 2006, después de dejar atrás la violación de una vez por todas, conseguí empleo en la tienda Dollar General y seguí estudiando para el examen del GED. Sentía que por fin estaba viviendo lo mejor del mundo real; me había convertido en una mujer empleada que estaba haciendo algo importante con su vida sin tener que rendirle cuentas a nadie.

Ocho meses más tarde, aprobé el examen del GED en el primer intento, menos de un año después de haberme ido de casa. Inmediatamente solicité el ingreso a la facultad. Aprobar el GED fue un logro importante porque la enseñanza que había recibido de los amish no era nada en comparación con la del mundo inglés.

Había asistido a una escuela amish de una sola sala en Missouri donde las maestras cuya preparación no superaba a la de los mismos alumnos enseñaban del primero al octavo grado. Estudiamos matemática básica, ortografía, lectura y escritura. Se enseñaba ortografía y lectura en inglés y alemán. Solo teníamos que escribir oraciones usando una palabra en inglés asignada para cada oración. No escribíamos

Fugitiva amish: el gran escape

ensayos. Aunque las maestras amish enseñaban inglés, jamás lo usábamos fuera del entorno escolar, salvo al comunicarnos con estadounidenses de habla inglesa. Todos hablábamos alemán en nuestras conversaciones diarias.

Mientras todavía estaba en la escuela, no pensé mucho en mi educación hasta haber completado el octavo grado y empezado a trabajar en casa a tiempo completo. Entonces comencé a sentir un vacío en mi vida. Para los amish, no tenía ningún sentido la educación más allá del octavo grado. Nadie hablaba de una carrera ni la planificaba. El rumbo de mi vida había estado predestinado mucho antes de que naciera: la tradición exigía que me quedara en casa y trabajara para mis padres hasta cumplir los veintiún años; después podía empezar a ganar mi propio dinero y hacer lo que quisiera. Sin embargo, el estilo de vida amish no ofrecía muchas opciones fuera de ser niñera o maestra y ninguna de las dos cosas exigía una educación mayor a la del octavo grado. Todo lo que sabía y hacía se basaba en lo que aprendía en casa. El hecho de que se nos exigiera ir a la escuela durante ocho años no deja de sorprenderme.

Durante mi experiencia amish, sentía que me faltaba algo y cuando todavía vivíamos en Missouri empecé a darme cuenta de que había mucho más por aprender. Mi adultez predeterminada no tenía ninguna posibilidad conmigo. Por supuesto que no podía decirles a mis padres lo que sentía acerca de querer aprender más porque me considerarían una vergüenza para la sociedad amish. El día que me escapé no tenía un plan elaborado en cuanto al tipo de educación que quería, pero sí tenía una cosa en claro: quería ir a la universidad. Había tantas cosas que necesitaba aprender antes de poder tomar una decisión en cuanto a una carrera en particular.

Si los amish consideraran una educación más allá de los catorce años, tal vez las personas que decidieran irse tendrían una mejor idea de por dónde comenzar un estudio o una carrera. Parte de la razón por no ofrecer más estudios era para que nadie se diera cuenta que existían más opciones en la vida con una educación. En cuanto a mí, no sabía qué rumbo tomaría, pero estaba dispuesta a abrir camino por donde no había ninguno.

§

Cuando empecé a trabajar en Dollar General, comencé a entender lo que era vivir en el mundo exterior. Por supuesto que seguía siendo tan ingenua como siempre, pero a medida que pasaban los días, sentía el fluir de una fuerza interior. Con mucha paciencia, mi gerente me enseñó a usar la caja registradora. Me sorprendió

Fugitiva amish: el gran escape

lo fácil que era de usar, pero me sorprendió aún más lo fácil que era cometer un tremendo error y tener que pedirle al gerente que lo arreglara.

Algunos de los clientes eran maleducados, algunos hostiles, algunos amigables y unos pocos tiernos y amorosos. Estas personas amables me daban propinas en billetes de cinco dólares y me decían que me comprara algo lindo. No creía que necesitaba nada lindo, así que metía los billetes en un frasco de donaciones para el Centro de Alfabetización. Quería ayudar a otros más que a mí misma, aunque no tuviera nada propio. Hasta le di dinero a una compañera cada vez que se quejaba de no tener pañales para su bebé o gasolina para llegar al trabajo. Repartía dinero con liberalidad; me era imposible decir que no.

Me gustaba trabajar en esa sencilla tiendita, pero la gente equivocada debe de haber notado mi ingenuidad, mi corazón blando y mi docilidad porque alguien me robó la vieja camioneta Chevrolet modelo 1988 que estaba manejando del estacionamiento de la tienda. Yo tenía las llaves pero aparentemente no había trabado las puertas. Mi cartera con todo mi dinero, mi tarjeta del Seguro Social, mi licencia para conducir y mi brillo de labios favorito estaba en la camioneta y ahora se habían esfumado. *¿Por qué robaría alguien?* —pensé. No podía comprender la realidad. Lloré amargamente mientras hacía la denuncia a la policía. Nadie me había dicho que debía llevar la tarjeta del Seguro Social conmigo siempre. Nadie me había dicho que debía trabar las puertas siempre y nadie me había advertido que se podía hacer arrancar a los vehículos viejos sin llave. Aun después de la violación me costaba entender lo cruel que podía ser el mundo.

La policía jamás encontró la camioneta. Me dijeron que probablemente había cruzado la frontera hacia México y que no había nada que hacer. Volví a solicitar la tarjeta del Seguro Social y la licencia de conducir. Después compré mi propio vehículo —una camioneta Dodge color granate—, y seguí adelante con mi vida. Poco a poco aprendí a valerme por mí misma. Endurecí un poco el corazón y dejé de darle plata a cualquiera que me la pidiera. Además, me dio bronca un supervisor que dependía de mí para que le hiciera su trabajo.

Era imposible que hubiera alguien más perezoso que mi supervisor Keith, pero no me molestó hasta que mi jefe me preguntó por qué no podía mantenerme al día con la tienda. Keith se sentaba afuera de la puerta trasera con el celular pegado al oído y un cigarrillo colgado de la boca horas a la vez. Me di cuenta que solo iba por el dinero y parecía un vándalo. Le puse Oso Pardo de sobrenombre. Apestaba a humo rancio y sudor viejo; necesitaba cortarse el pelo y recortarse la barba. Con frecuencia le dije que

Fugitiva amish: el gran escape

estaba comenzando a parecer amish pero no le causó gracia. Cada vez que las cosas se ponían movidas en la tienda, tenía que buscar al Oso Pardo. Los clientes me miraban con impaciencia si estaba demasiado ocupada para atenderlos en seguida. Eso me humillaba.

Keith no solo no me ayudaba mucho con los clientes sino que esperaba que también me ocupara de su parte de la reposición de la mercadería, además de encargarme de la limpieza. Después de seis meses de sus sinsentidos, decidí que ya no tenía que soportar ese trato, y le conté todo de una al jefe. Lloré como bebé. Largué todas mis frustraciones con el Oso Pardo en mi fuerte acento alemán y después pensé que me iba a despedir por haber tenido un arrebato emocional. Por suerte no me despidieron, pero varios meses después a Keith sí.

Solo me quedé un mes más porque me aceptaron en la facultad y necesitaba concentrarme en los estudios.

§

En el verano de 2007 recibí la carta de aceptación para asistir a Texas State Technical College en Harlingen, donde vivía en aquel entonces. Me anoté para las clases del semestre de otoño. Para pagarlas, completé una solicitud de ayuda estudiantil federal. Además, tenía que presentar cuatro cartas de recomendación porque no tenía nada de la información requerida de mis padres. Una era una carta personal en la que debía explicar mi historia, mis planes para el futuro y por qué mis padres no me ayudaban. Tenía que presentar esas cartas para obtener una excepción en la ayuda financiera y no tener que dar la información impositiva de mis padres. En realidad, no sabía si pagaban impuestos pero sabía que no serviría de nada pedir esa información porque jamás me la darían. Además de solicitar ayuda financiera, solicité becas y conseguí la ayuda suficiente para pagar todas mis clases y vivir cómodamente durante un año entero. Me asombró la manera en que todo se dio sin necesidad de angustiarme.

Asistí a mi primer día de clase. Decir que estaba nerviosa es todo un eufemismo. Sentía que medía una pulgada en un país extranjero. Había estudiado para el GED a mi propio paso, principalmente en un centro de alfabetización, así que no me imaginaba lo que me esperaba al cursar en la facultad. ¡Era como beber de una manguera contraincendios!

No sabía lo que era la tarea y, peor, no sabía lo que eran las pruebas. ¿Pruebas sorpresa? Jamás las había oído nombrar. ¿Hacer preguntas? ¡Imposible! Hubiera preferido morirme antes que preguntarle a un profesor algo que no entendía. Sabía que si empezaba a

Fugitiva amish: el gran escape

hablar tendría que explicar de dónde venía por mi pobre vocabulario en inglés y fuerte acento alemán. No quería que nadie supiera que había sido amish. Prefería ir a casa y reventarme los sesos tratando de descubrir si estaba haciendo bien la tarea e intentaba recordar la información importante para la próxima clase. Estaba completamente sola en mi viaje; no había otros ex amish que vivieran en mi zona para guiarme y las pocas personas en quienes podía confiar no podían entender lo que sentía. Sentía miedo y entusiasmo al mismo tiempo por averiguar en qué me había metido.

Capítulo 8:
Cambio de opinión

*A veces el único transporte es
un salto de fe*

~Margaret Shepard~

Sentada en el sillón en mi nuevo hogar en Harlingen, mientras escribía una carta a mi mem, me preguntaba qué estaría haciendo si hubiera seguido siendo amish. Antes de escaparme, había pensado mucho en lo quería hacer si permanecía amish. Estaba segura de que no quería volver a trabajar para otra familia amish. No quería seguir haciendo cestas. No quería ser maestra. No quería bautizarme, casarme y tener hijos. Las mujeres amish no tenían mucha voz en su manera de vivir en casa. Si me hubiera quedado, probablemente me habría pasado el resto de la vida criando niños y haciendo tareas domésticas. ¡Qué horror!

Seis meses después de mudarme a Texas, hice planes para ir a casa de visita por primera vez desde que me fui. Me sentía más nerviosa por volver y enfrentar a todos que el día que me

Fugitiva amish: el gran escape

había escapado. Había recibido muchas cartas durante los últimos seis meses y temía que la primera visita no sería fácil. No esperaba que lo fuera. Sabía que tenía que volver y tratar de explicar por qué me había ido en lugar de limitarme a escribir cartas. No fue fácil escaparme, pero habría sido mucho más fácil si hubiera podido decirles a mis padres que me iba. Pero era muy posible que me hubieran castigado tan solo por hablar de semejante conducta. No podía hablarles de nada de lo que me molestaba de las reglas amish, de modo que informarles a mis padres que pensaba volverme «alta» era inalcanzable. Estar «alto» era la frase que se usaba para los que abandonaban a los amish. Había tratado de darles pistas de que no era feliz, pero o no se daban cuenta o no les importaba.

Algunas de las cartas que recibí antes de primera visita a casa me confundieron. En una carga Jacob escribió: «Si no piensas quedarte, no deberías molestarte en venir».

Sus palabras me dolieron pero pensaba que no podía hablar en serio. La única manera de saberlo era otro salto de fe.

En otra carta Mem me dijo: «Debes usar ropa amish porque nadie quiere verte con ropa "inglesa" cuando vengas de visita».

Mientras terminaba mi carta, pensé en el vestido que usé el día que me fui. Estaba colgado en el ropero y no me lo iba a poner para ir a casa. Sabía que a Sarah y a Amanda no les molestaría verme en jean, o por lo menos esperaba que no lo hiciera.

Los amish creían que la Biblia condena a los que no honran a sus padres. Yo sabía que había desobedecido a mis padres, pero también los había desobedecido cuando vivía en casa. No le veía la diferencia de hacerlo desde afuera o desde adentro. Según los amish, estaba condenada de cualquier modo.

Después de volver a leer la carta a mi mem y de recordar la manera amish de condenarme, seguí juntando coraje para hacer ese salto de fe e ir de visita.

§

Mi primera visita a casa incluyó mi primer viaje en avión, a Kansas City. No podía dejar de sentirme vindicada al romper otra regla amish —creían que todo transporte debía ser terrestre. Un transporte lento con olor a caca de caballo. El vuelo me dio muchas náuseas, pero valió la pena.

Virgil me buscó en el aeropuerto y fuimos a su casa en Jamesport, Missouri, donde conocí a Enos, mi primo que se había ido de los amish poco después de mí. Enos me llevó a la casa de mis padres, a unos 95 kilómetros, y me dejó ahí. Me daba miedo no tener un vehículo para escaparme si fuera necesario, pero me

Fugitiva amish: el gran escape

tranquilizaba saber que Enos estaba tan solo a una llamada de distancia.

Cuando Enos me dejó ese caluroso día de junio de 2006, caminé tímidamente hasta el frente de la casa donde estaban sentados mis hermanos menores, perforándome con la mirada. No veía a Mem y Datt pero presentía que estaban detrás de las ventanas en la casa. Tampoco los hermanos mayores estaban a la vista. La granja parecía estar desierta. Me senté en el porche de espaldas a la puerta. No sabía si me permitirían entrar. Estaba a punto de llorar cuando por fin Sarah y Amanda salieron para estar conmigo. ¡Qué alivio!

Por fin entré y me encontré con Datt y Mem. Datt estaba en su silla habitual fumando la pipa; estaba pálido y sus solemnes ojos azules esquivaron los míos al decirme «*Vegates*» (Hola).

Mem estaba en su silla mecedora, los ojos rojos de llorar. Logró decir con vos temblorosa: —*Vee bischt du?* (¿Cómo estás?)

—Estoy bien —respondí en voz baja.

Me senté tímidamente en una silla de la sala sin saber de qué hablar. Las niñas pequeñas me siguieron. Me miraban atentamente y de vez en cuando me sonreían. Mem no dijo mucho pero Datt se impacientó y empezó a agitar las cosas.

—Te pareces al mundo y vives como el mundo. ¿Cómo piensas estar bien con Dios? —preguntó con aspereza.

Emma Gingerich

—No creo que Dios me juzgue por mi aspecto sino por lo que está en mi corazón —respondí.

—¿Y exactamente qué es lo que tienes en el corazón? —me preguntó tan duramente que estaba segura que pensaba que no tenía corazón.

—Tengo paz por lo que estoy haciendo ahora. Sé que Dios está cuidando de mí y estoy tratando de seguir el camino que él ha escogido para mí.

Sin calmarse, Datt contestó: —Estás yendo por mal camino y no me puedes convencer de lo contrario. Te han lavado el cerebro y da miedo.

Lo escuché un rato más. A veces intentaba hacer algún aporte pero era en vano. No importaba lo que dijera, siempre estaría equivocada. Datt se aseguró de que yo supiera que había cometido un pecado mortal e iba derecho al infierno. Antes pensaba que estaba atrapada en una cuevita. Me asomaba de vez en cuando y miraba, como una lauchita escondida entre las sombras, el enorme mundo aterrador que estaba afuera. En el fondo sabía que si salía de la cueva me iría volando por la supercarretera al infierno. Salí de la cueva de todos modos y pronto decidí que no iría al infierno por dejar a mi familia. Sin embargo, no era tan fácil de entender para mis padres.

Fugitiva amish: el gran escape

Después de un rato me fui de la sala cuando se hizo una pausa lo suficientemente larga para salir sin ser descortés. Mis hermanas me siguieron a la cocina y me ofrecieron un vaso de agua. No quería enojarme en mi primera visita, especialmente cuando Mem y mis hermanas me habían pedido que pasara la noche. Quería paz por amor a ellas. Con un poco de persuasión por parte de Mem, cedí y me puse ropa amish. Me dio un ultimátum: o me cambiaba la ropa o dormía en otra parte. Estaba casi segura de que Datt le había indicado lo que me debía decir antes de que yo llegara. Lo pensé un momento y decidí hacerlo por respeto, aunque llevar un vestido y cubrirme la cabeza me trajera recuerdos horribles.

Sin embargo, valió la pena porque esa noche pude pasar un rato con mis hermanas en mi viejo dormitorio. No estaban seguras de cómo hablarme y no me preguntaron cómo era vivir en el mundo inglés. Supuse que no lo hicieron porque no podían comprender que ahora yo era una de los de afuera. Lo más triste era ver el miedo en el rostro de algunas de mis hermanas. Terminamos la velada conversando acerca de sus vidas en general, la escuela, el trabajo y quién salía con quién. Las conversaciones familiares rompieron el hielo y redujeron el estrés para todos.

Emma Gingerich

A la mañana siguiente, después de desayunar, ayudé a lavar los platos y después mis hermanos me dejaron a solas con Datt y Mem. Estábamos sentamos en silencio en la cestería cuando por fin Mem preguntó: —¿Qué te hemos hecho para que nos dejaras?

Le respondí con calma: —No tenía vida aquí. Lo único que hacía era tejer cestas o trabajar para otras familias. Pero la razón principal era el temor de tener que ser parte de la iglesia y la presión de casarme. La decisión final de irme llegó cuando me metieron los globos en la nariz. Cualquiera se hubiera querido escapar.

Datt dijo: —No tenías que casarte.

—Entonces, ¿por qué tenía que salir con chicos que no me gustaban ni remotamente? Recuerdo lo contenta que estaba Mem cuando se enteró que estaba saliendo con Norman y me di cuenta de la tristeza también cuando rompimos.

Datt quiso cambiar de tema en seguida. —Pensé que estabas enojada porque te llevamos al médico de globos y que esa era la única razón por la que te habías ido.

—Estaba enojada y fue la gota que rebalsó el vaso entre todas las otras cosas que no me gustaban o no entendía. Hay días en los que todavía lloro al pensar en esos horribles tratamientos, cuando lo que tenía era una crisis nerviosa.

Fugitiva amish: el gran escape

Mem tenía el rostro inundado de lágrimas. —Lamento tanto que te hayamos llevado a ese médico —dijo—. Si tuviera que hacerlo de nuevo, lo cambiaría.

—Acepto tu disculpa, Mem —respondí, conteniendo el llanto.

Datt la miró y dijo: —No creo que el médico de globos haya tenido nada que ver. Lo que pasa es que Emma es testaruda y quiere que nos sintamos culpables.

—No puedo creer que hayas dicho eso Datt —exclamé. Ahora no podía frenar las lágrimas.

Estaba tan furiosa por su comentario que me levanté y salí de la habitación antes de empezar a tirarle cosas por la cabeza. En ese momento me di cuenta que nunca me pediría perdón por llevarme al médico de globos. Me fui del taller a la casa y pronto Mem me siguió. Nos sentamos en la sala y tuvimos una conversación general acerca de la vida amish cotidiana. Nadie volvió a mencionar la horrible conversación en la cestería.

Me quedé tres días en la granja sin volver a hablar con Datt. Se sentaba en silencio, con cara de angustia. Me dio lástima. Me daba cuenta que mi partida le había afectado. De cierta forma, lo culpaba a él por su propio estrés, pero sabía que la iglesia y la comunidad entera le hacían difícil la vida. Tenía una imagen mental de los demás juzgándolo por la manera de criar a su hija.

Me alegré cuando llegó la hora de volver a Texas. Estaba más que lista para deshacerme de la ropa amish y ponerme algo más cómodo: un pantalón y una camisa colorida.

Un año después, en agosto de 2007, volví a visitar a mi familia y esta vez las cosas entre Datt y yo fueron todavía peores que en la primera visita. Sacó a relucir la misma conversación acerca de todo lo que había hecho y estaba haciendo mal, arengándome interminablemente. Por fin no soporté más y empecé a llorar y a gritar descontroladamente. Sin embargo, después del primer día, todo se volvió a calmar y Datt se calló por completo, igual que antes.

Me puse ropa amish otra vez y me quedé varias noches. Disfruté de estar con las chicas y Mem pero tenía que cuidarme de lo que decía o hacía para no ofender a nadie. Todos estaban muy sensibles. Y yo también. Traté de explicarles que iba a empezar a ir a la facultad poco después de volver a Texas. Pero esa información les resbaló como si nada. En las cartas que les escribía les mencionaba lo que estaba haciendo, como estudiar para el examen del GED y trabajar en el Dollar General, pero jamás lo mencionaban ni me preguntaban nada. Nuestras

Fugitiva amish: el gran escape

conversaciones se limitaban casi exclusivamente a su zona de confort: la vida amish.

Al año siguiente, a principios de 2008, cuando terminó la tercera visita, juré que no volvería nunca más. Cada vez que iba, me estresaba tanto que casi me agarraba la culebrilla. O por lo menos eso parecía. Pero tuve que retractarme cuando recibí la invitación al casamiento de mi hermano Jacob. Me costó entender por qué Jacob me había invitado cuando Datt todavía se negaba a hablarme, pero decidí usar la oportunidad para mostrarle a mi familia que todavía la amaba. Solo tenía que sobreponerme al rechazo de Datt.

§

Las cartas comenzaron a llegar un par de semanas antes del casamiento de Jacob, que justo caía durante un semestre muy intenso en la facultad. Me preguntaba por qué me habría invitado. ¿Era para que me sintiera culpable? Si no iba, quedaría como mala hermana y si iba, podía hacer que me sintiera incómoda y fuera de lugar. Perdería de cualquier modo. No sabía si me había invitado porque realmente quería que estuviera o si su intención era hacer que me sintiera mal. Supuse lo último. Realmente no quería ir porque sabía que tendría que ser amish por un par de días y no estaba segura de poder manejarlo después de mi última visita que causó tantas pesadillas.

Jacob, el hijo mayor de nuestra familia, me llevaba once meses. Era un hombre callado pero estaba orgullosa de tener un hermano que fuera apuesto e inteligente y se comportara con humildad, tal como se les enseñaba a todos los amish. Su popularidad me hacía sentir importante esos domingos por la mañana cuando íbamos juntos a la iglesia.

Aunque no hablábamos de nada serio esas mañanas, me hacía reír con comentarios inesperados sobre cualquier cosa. Nunca compartía lo que pasaba en su vida y no me parecía correcto pedirle que lo hiciera. Aparentemente siempre tenía todo bajo y lo envidiaba. No recuerdo haberme peleado nunca con él en serio y no era el tipo de persona que hiriera a ninguna de sus hermanas, aunque había días en que expresaba algo de enojo si no le hacíamos caso.

No obstante, después de que me fui de los amish, Jacob me sorprendió al tratar de convencerme de que volviera a casa escribiendo una carta diseñada para asustarme. Una noche, cuando estaba tratando de dormir, no podía dejar de pensar en mi hermano y su inminente casamiento. Lo extrañaba mucho pero ¿cómo tendría el valor de ir? Miré el reloj por enésima vez y a la 1.30 me senté y prendí la luz. Estaba

Fugitiva amish: el gran escape

molesta conmigo misma y no sabía qué hacer para calmarme.

Finalmente me levanté, fui al armario y saqué una caja llena de cartas. A lo mejor si leía algunas de las cartas viejas de Jacob podría decidir si debía ir al casamiento o no. Encontré algunas enterradas debajo de cientos de otras que había recibido durante los últimos dos años y medio. Tenía sentimientos encontrados acerca de leerlas de nuevo. No recordaba exactamente lo que había escrito, pero su carta era una de las primeras que había recibido después de escaparme. Había visto a Jacob varias veces desde entonces y, aunque no le era fácil, había comenzado a aceptarme tal cual era, aunque lentamente. Me senté en el piso del dormitorio, apoyada contra la pared y saqué tres páginas manuscritas, principalmente en inglés, salpicadas con algunas palabras en alemán.

Hola Hermana,

26 de febrero de 2006

Como siempre, te envío saludos tristes. Es la tarde del domingo. Estoy tratando de entretenerme, cosa que me cuesta desde que te fuiste. Decidí escribirte algunas líneas a tu manera para que sepas lo que está pasando y lo que va a pasar. Solo quiero tratar de ayudarte a salir de tu nido, que se está haciendo más profundo. Desde allá arriba Dios oirá y verá todo lo que hiciste y que haces. No se olvidará al final del mundo ni al final de tu vida. Todavía hay tiempo para arreglar las cosas. Dejaste a muchos buenos amigos y parientes. No entiendo cómo puedes disfrutar de la vida sabiendo que no volverás a ver a nuestros tíos y muchos de nuestros primos.

Pienso que deberías enderezarte porque alguien me dijo una vez que no podemos cambiar a nuestros padres; primero tenemos que entregarnos. Y estoy de acuerdo porque, cuando era más chico, sentía lo mismo que tú. Después me entregué, Datt no me molestó más y de repente volví a ser feliz.

A lo mejor te sientas feliz ahora, pero piensa en cuando te estés por morir y no tengas parientes que te visiten. ¿¿¿Piensas que desearías haber escuchado a Mem y Datt??? Estoy seguro, entonces, que llorarás muchas noches deseando ser amish con tus hermanos y si no, explícamelo. Estás locas por haberte ido.

Si alguno de tus hermanos se casa algún día, ¿no te daría vergüenza no estar en el casamiento? Y si vinieras, ¿crees que podrías disfrutarlo tanto al no ser amish? ¡¡Piénsalo!!

Fugitiva amish: el gran escape

Tal vez estés pensando en la libertad ahora, pero piensa en el futuro. Eres tú la que te estás complicando la vida. Aquí estoy para ayudarte. Espero que tengas la sensatez de dejarte ayudar. Datt está contento de saber que estás a salvo y quiere que seas feliz, pero no en la vida que tienes ahora.

¿Te gustaría ir a la guerra? Tal vez no te gustaría y no habrá modo de escaparla si sigues siendo inglesa. Con los chips de computadora pasa lo mismo y no habrá manera de sacarte. Quiero que leas esto varias veces y pienses mucho en todo.

Avísame cuando vengas y dime lo que tienes en mente.

Tu hermano,

Jacob

Me brotaron las lágrimas a mitad de carta. No lloraba porque pensara que Jacob tuviera razón, sino porque sentía dolor por todos los que había lastimado. *Señor querido*, oré, *ayuda a mi familia a entender por qué tuve que dejarla. Amén.*

Era obvio que Jacob estaba preocupado por lo me pudiera pasar. No sé de dónde sacó la idea de los chips de computadora y pensaba que terminaría yendo a la guerra porque tenía número de Seguro Social. Mem expresó los mismos temores en su primera carta. Esos comentarios no me intimidaban porque estaba segura que no sucederían. O Jacob no sabía o lo dijo para asustarme. Yo estaba haciendo lo que me hacía feliz y todos los ángeles del cielo me apoyaban. Estaba segura de que Dios me estaba protegiendo.

Desde que me había ido de los amish había desarrollado una perspectiva muy diferente de la fe y asistía a la iglesia todos los domingos. Ir a una iglesia donde el predicador hablaba en inglés era una verdadera experiencia de aprendizaje: ¡me faltaba mucho! No sabía nada de la Biblia. Nada. Ni siquiera un versículo que un niño de tres años podía decir de memoria. Tardé dos años después de irme de los amish en aceptar a Jesús como mi Salvador y hasta fui bautizada por inmersión por un predicador bautista en Harlingen. Siempre supe que el Buen Hombre estaba a mi lado, guiándome en los momentos difíciles, aun cuando no lo quería creer.

Volver a leer la carta de Jacob me hizo entender cuánto había entristecido a mi familia. Traté de imaginar el dolor en el rostro de Mem las primeras veces que fue a la iglesia. No podía ocultar el hecho de que yo no estuviera y la gente probablemente la haya cuestionado por no haber podido hacer que su hija se quedara. Si solo pudieran entender que tampoco había sido fácil

Fugitiva amish: el gran escape

para mí dejarlos, pero resultó difícil explicarlo. A veces los había extrañado más de lo que se puede describir, pero pude mantenerme ocupada para aliviar algo del dolor.

Doblé la carta de Jacob y la puse en el sobre. Me sentí aliviada y por fin me metí en la cama y me dormí al instante.

§

Me desperté a la mañana siguiente sobresaltada al ver que apenas me alcanzaba el tiempo para vestirme y llegar a mi clase de biología a las 8. Perderme el café y el desayuno no era la mejor manera de empezar el día. Pasé la clase con la mente lejos del tema de la membrana de plasma vegetal. La invitación al casamiento de Jacob me seguía pesando y recordé la última vez que había vuelto a casa de visita, por tercera vez, en la primavera de 2008.

Tenía el vivo recuerdo de manejar por el camino de ripio y doblar en la entrada. Me asombró ver que Datt fuera el único que estuviera afuera y parecía que había estado esperando durante varias horas. Me pareció un poco extraño que nadie más saliera a saludarme pero, al igual que las primeras veces que había vuelto, no se les permitía a los niños mostrarse contentos de verme, así que supuse que les habían dicho que se quedaran en la casa.

Emma Gingerich

Datt caminó hasta el vehículo y, cuando abrí la puerta de mi pickup Dodge y me bajé, murmuró: —Te ves tan mundana; me indigna. Por favor, vete. —Dio la vuelta y se metió en el taller.

Me quedé parada en la entrada, atónita. Parecía que había estado practicando las palabras exactas por centésima vez. Era la tercera vez que volvía a casa. Las dos primeras no habían ido bien, pero las cartas que me escribió después de la segunda visita habían sido amables y consideradas. Pensé que finalmente estaba listo para perdonarme, pero aparentemente todo había sido falso. Había manejado 2025 kilómetros para descubrir que todavía guardaba rencor y no estaba listo para aceptarme tal como era.

Miré hacia la casa y vi a algunos de los pequeños parados en la cocina mirando hacia afuera. *Me pregunto de qué se trata todo esto; nadie sale a saludarme.* Agarré los libros y las revistas que había traído para los niños y fui hacia la puerta. Tenía lágrimas de bronca. Para mi sorpresa, Mem y Jacob estaban en la cocina, esperando que entrara.

—¿Qué pasa? —preguntó Jacob—. ¿Qué te dijo Datt?

—Me dijo que me fuera —contesté—. Solo vine a dejar esta caja de libros y después me voy.

Fugitiva amish: el gran escape

—Espera un momento —murmuró Jacob—. Voy a hablar con Datt. Está loco por portarse así.

—No te molestes. Si Datt no quiere que esté, prefiero irme y no causar problemas.

Era demasiado tarde. Antes de que pudiera terminar la oración, Jacob ya había salido por la puerta, seguido de Mem. La reacción de Jacob me sorprendió. No estaba segura cómo tomarla, porque la última vez que había venido no había tenido mucho que decir. Algo había cambiado.

Pronto regresaron y me dijeron que me podía quedar. Datt no estaba de buen humor pero había aceptado que me quedara un rato.

Más tarde, Jacob y yo nos sentamos en el porche, solos. Por primera vez tuvimos una discusión larga y profunda de lo que sentíamos. La conversación fraternal que había querido hace tanto por fin se había hecho realidad, solo que ahora el tema era completamente diferente.

Lo escuché hablar a Jacob en voz baja por un rato. Me puse a llorar cuando dijo: —Ha sido muy difícil seguir adelante desde que te fuiste y no puedo aceptar tu decisión del todo, pero sí quiero que seas feliz.

Lloré en silencio. Por primera vez, no me enojaba que Jacob me dijera exactamente lo que pensaba. Era tan bueno tener una conversación sin que me gritaran o me sermonearan como Datt siempre lo hacía.

Cuando pude hablar sin sollozar como bebé, dije: —Me hace sentir muy mal causarles tanto dolor at ti y al resto de la familia, pero no había otra alternativa. Sufrí tanto los últimos años que sencillamente tenía que irme. El médico de globos fue la gota que colmó el vaso. Estaba tan enojada con Datt por obligarme a ir y no sabía cómo perdonarlo. Verdaderamente creo que Dios me ha estado cuidando y me dado la fuerza para encontrar una vida diferente.

—¿Vas a perdonar a Datt algún día? —preguntó Jacob en voz baja.

Guardé silencio un momento y luego dije: —Sí, hoy vine para perdonarlo y en seguida me di cuenta de que todavía no estaba listo. No creo poder olvidar nunca, pero el perdón es la única manera de vivir sin el dolor del pasado.

—¿Crees que volverás a quedarte algún día? —preguntó con voz rasposa, como si estuviera por llorar. Se inclinó y se abrazó las piernas para que no pudiera ver sus lágrimas.

—En este momento no me imagino volver a ser amish —dije—. Quisiera poder regresar para que la familia volviera a ser feliz. Pero sé que yo no sería feliz. ¿Por qué debo privarme y sufrir? Lo último que quiero es regresar y después irme otra vez si no puedo

Fugitiva amish: el gran escape

acostumbrarme. No soporto la idea de herir a la familia dos veces.

—A mí me gustaría que volvieras —dijo con tono esperanzado—. Pero entiendo lo que dices. Sería mejor esperar hasta que estés lista.

No dije nada más. Esperé en silencio, deseando que no fuera tan difícil explicar por qué ser amish ya no era para mí. Me dolía el corazón. Hubiera querido que existieran palabras que pudiera decir que tuvieran sentido. Pero mis sentimientos eran imposibles de explicar. Eran algo así como el momento en que el novio de repente rompe con una chica sin ninguna explicación específica. La chica necesita un cierre con desesperación para poder seguir adelante, pero nada de lo que dice el muchacho consuela el corazón destrozado, porque no existen las palabras exactas para hacer que el dolor desaparezca. En ese momento, solo el Buen Hombre podía consolar a Jacob y ayudarle a entender lo que yo sentía.

Pronto Datt salió del taller y se sentó en un banco detrás de mí. Empezó a hablar del Señor y de lo malvado que se había vuelto el mundo exterior. Lo dejé hablar sin interrupciones. Jacob tampoco dijo nada. El sermón duró por lo menos treinta minutos y cuando Datt por fin se calló, dije con la mayor calma posible: —Entiendo tu punto de vista, pero todos tienen sus diferencias.

Con eso me levanté y volví a entrar en la casa. No iba a escuchar una palabra más de los sermones de Datt y definitivamente no quería empezar otra discusión. Datt no me habló más durante el resto de la visita de cuatro días y regresé a Texas con un agujero de soledad todavía abierto en mi corazón.

Cuando salí de la clase de biología una hora más tarde, no podía creer que no le había prestado atención al profesor. Lo único que recordaba era que dijo que tendríamos un examen en una semana. Estaba frita.

§

Varios días después de perderme en la clase de biología, me bajé de un avión de Southwest Airlines en el aeropuerto de Kansas City. Estaba por hacer algo que había jurado que no haría jamás. Pero al recordar como Jacob me había rescatado de la decisión de Datt de echarme y porque nuestra conversación había sido tan buena, sentía que tenía que estar en su casamiento. Era un día tan importante para él y quería mostrarle mi amor y mi apoyo. Además, conocía muy bien a la novia: habíamos ido a la misma escuela y había estado un grado más adelantada que yo. Era nuestra prima segunda y yo estaba en contra del matrimonio con un pariente tan cercano, pero no tenía ningún

Fugitiva amish: el gran escape

control sobre el asunto. Después de todo, sucede todo el tiempo en la comunidad amish.

La casa de mis padres quedaba a dos horas de Kansas City en auto, así que Virgil y Jolene me llevaron del aeropuerto hasta la casa. No me sentía cómoda sin mi propio vehículo, por si tenía que salir corriendo. Sin embargo, sabía que mis padres no querrían un auto en su propiedad durante la boda, así que hice una excepción y rogué que todo fuera para bien. No había hablado con Datt desde la última visita pero, al igual que antes, me escribía cartas como si todo fuera normal. *Espero que no trate de repetir lo de la vez pasada*, rogué al entrar en la casa.

Datt estaba en la silla de siempre en la sala, con la pipa colgada de los labios, charlando con varios jóvenes.

Me acerqué, le di la mano y le pregunté:
—¿*Vee bisht du?*

Para mi asombro, me saludó cortésmente. Me resultaba raro darle la mano a Datt cuando tendría que haberse levantado para abrazarme pero, en mi familia los abrazos eran impensables.

Datt me preguntó si conocía a los hombres. Estaban sentados en silencio y me miraban como si nunca hubieran visto a una chica en pantalón.

Los miré por lo que pareció un largo momento. No tenía idea de quiénes eran. Los dos tenían barbas oscuras y espesas y el cabello les cubría las orejas y la nuca. Me hacían recordar los gorilas. Me sonrojé de vergüenza.

Finalmente dije: —Supongo que son mis primos pero no sé sus nombres. —Les ofrecí la mano. Todavía no me habían dicho sus nombres. Estaban más callados que los postes de una cerca. Para colmo, parecían estar ofendidos porque no los conocía.

Cuando ya parecía que no nadie me iba a contestar, Datt dijo: —Son tus primos hermanos de Ohio.

Después de que me dijo sus nombres, se me detuvo el corazón por un momento. Recordaba haber jugado con ellos muchas veces cuando vivíamos en Ohio. Los había visto de nuevo de adolescente cuando vivía en Missouri pero habían pasado por lo menos ocho años desde la última vez que los había visto. Tenía casi trescientos primos hermanos y no entendía cómo se suponía que podría recordarlos a todos. Como ya no vivía entre los amish, noté más que nunca cómo cambiaban los varones cuando les empezaba a crecer la barba; terminaban por parecerse todos.

—¿En serio? —dije, sorprendida—. Lamento no haberlos reconocido. Jamás me lo hubiera imaginado.

Fugitiva amish: el gran escape

Uno de ellos por fin hizo el esfuerzo de decir algo: —Supongo que todos cambiamos de alguna manera.

Me fui de la sala lo más cortésmente que pude y fui a la cocina donde las chicas estaban lavando los platos de la cena. Estaba aliviada de ver por fin algunas caras conocidas y de ser saludada con alegría. Esperé hasta que terminaran con los platos y después subimos la escalera para ver qué me podía poner para la boda. Mem vino y se sentó al lado mío en la cama. Tenía el celular en la mano y estaba tratando de ponerlo en modo vibrar, esperando que no me dijera que lo apagara. Pensaba esconderlo en un cajón por si surgía una emergencia y me quería ir.

—Me preocupa tu pelo corto —dijo—. ¿Cómo vas a poder hacerte un rodete para metértelo debajo del tocado?

—No sé todavía, pero trataré de recogérmelo de alguna forma —le aseguré.

—No te tendrías que haber cortado el cabello en primer lugar —dijo, sonriendo un poco.

—Ahh, traje una peluca que iba a usar para tener el cabello más largo. ¿Prefieres eso? —broméé.

Me miró y dijo rápidamente: —No, no quiero que uses una peluca. Quiero que seas lo más real posible mañana.

Emma Gingerich

Mmm.... lo más real posible. ¿Acaso pensaba que yo ya no era real? Pasé por alto el comentario. No estaba por decirle a Mem cómo había terminado con el pelo tan corto. Cuando me lo corté por primera vez después de irme de los amish me llegaba justo debajo de los hombros. La peluquera me había cortado treinta centímetros y me había convencido de que guardara los mechones como recuerdo aunque en realidad yo quería librarme de ese pelo largo para siempre. Un día decidí que quería el cabello aún más corto —había sido un sueño mío desde chica. Le había dicho a la peluquera, Tiffany, que quería que el cabello me llegara justo por encima de los hombros. Un poco mareada por el privilegio de poder cortarme el pelo como quisiera sin temor de que Dios me castigara, me senté confiada mientras Tiffany blandía la tijera.

Después de un rato Tiffany me dijo alegremente: —¡Mira en el espejo para ver la nueva tú!

Cuando giró la silla y vi mi reflejo, quedé con la boca abierta. Estaba mortificada. No podía creer cuánto había cortado. ¡Sentía que me había rasurado! No era el corte que había imaginado. ¡Parecía un varón! Le mentí a Tiffany y fingí que me gustaba aunque estaba furiosa que me hubiera cortado tanto más de lo que quería. Volví a casa y lloré amargamente. *Querido Dios, no dijiste en la Biblia que las mujeres no pueden*

Fugitiva amish: el gran escape

cortarse el pelo como los varones, ¿no? Esperaba que no.

Para cuando llegó el casamiento, el pelo me había crecido lo suficiente para hacerme una colita. De lo contrario Mem hubiera estado todavía más preocupada. El silencio incómodo se rompió cuando Sarah entró en la habitación con un vestido oscuro y una capa bien planchada y doblada, con un delantal que hacía juego con el vestido.

—Ema, este vestido es mío y me preocupa que no te quede bien. Por favor pruébatelo ahora. —Sonaba como si fuera una emergencia.

Todas salieron del cuarto para que pudiera vestirme a solas. Sarah pronto regresó y me miró con ojos azules chispeantes. Su sonrisita me dijo que pensaba que había algo gracioso en mi aspecto.

—¿Por qué me miras tan raro? —le pregunté.

Se rio y dijo: —Solo estoy contenta de que estés aquí. Nunca pensé que vendrías para el casamiento ya que sabías que tendrías que ponerte ropa amish.

—Yo misma estoy sorprendida de que vine, pero quería apoyarlo a Jacob y sabía que querrías que estuviera aquí.

—Sí, es bueno. Lo único malo es que no podré estar contigo porque estaré de *navahucking*.

—¡Demonios! No se me ocurrió que tú lo fueras. Sabía que Rhoda sería *navahucka*, pero no tú.

De repente me sentí asolada. *Navahucka* significaba que ella y Rhoda se sentarían al lado de la novia en la ceremonia religiosa y la seguirían dondequiera que fuera todo el día. Sus novios harían lo mismo, solo que con Jacob. Se consideraban las dos damas de honor y los dos padrinos.

Cuando Sarah vio mi expresión, dijo con voz seria: —Ya sé que es plomo, pero no tuve alternativa.

Nos sentamos en la cama en silencio un rato. Las dos sabíamos que sería nuestra última conversación porque iba a volver a Texas temprano el viernes por la mañana, inmediatamente después del casamiento y Sarah tendría que quedarse en la casa de la novia durante las próximas dos noches.

Por fin Sarah dijo: —Más vale que me prepare. Mi novio llegará pronto para buscarme.

—Está bien. Prepárate y diviértete mañana. —Le di una palmadita en la espalda. Me había escrito una carta para contarme de su novio. En ese momento me di cuenta que nunca se iría de los amish. Mi sueño de que mi hermana me acompañara en el mundo exterior había desaparecido para siempre.

Fugitiva amish: el gran escape

Cuando estaba saliendo, Sarah se detuvo en la puerta y me ofreció aliento: —Todavía tendrás a Amanda y Anna a tu lado mañana.

—Ya lo sé. No te preocupes por mí; estaré bien. —El novio de Sarah, Abe, era el primer muchacho con quien tuve una cita, y no quería recordar esa época pero era imposible ignorar los recuerdos. Abe era hermano de la novia y un muchacho atractivo. Por la expresión de Sarah me di cuenta que lo amaba. Solo hubiera querido que no tuvieran un parentesco tan cercano.

Menos mal que tenía un montón de hermanas para ayudarme a pasar el día siguiente. Se acostumbraba a que las damas de honor y sus parejas pasaran la noche previa al casamiento en la casa de la novia. Ya no tendría otra oportunidad de estar con Sarah porque estaría rodeada de un mar de gente todo el día. El único problema con Amanda y Anna era que habían crecido y cambiado tanto durante los últimos años que sentía que ya no las conocía. Amanda era cuatro años menor que yo y como cinco centímetros más alta. Se parecía mucho a mí pero no pensaba como yo. Amanda se tomaba la vida amish más en serio y estaba contenta con las cosas tales como eran. La dulce y pequeña Anna se había convertido en una versión más joven de Sarah: graciosa, rubia, de ojos azules, llena de energía y lista para hacer bromas cada vez que se podía.

Emma Gingerich

Esa noche me acosté temprano porque me sentía mal. Tenía una flor de migraña y una acidez increíble. Sabía que no eran más que los nervios de preocuparme por quiénes habría que enfrentar al día siguiente. Ya había comenzado mal al no reconocer a mis primos y no había formar de saber qué pasaría mañana.

Lo próximo que supe fue cuando Mem llamó a mi hermano Noah desde el pie de la escalera para decirle que era hora de levantarse. Esperé para ver si me iba a llamar a mí también, como cuando vivía en casa. Sentí que la puerta se cerraba y los pasos se alejaban. *No, no me iba a llamar. A lo mejor le costaba demasiado pronunciar mi nombre otra vez después de tantos años de ausencia.* Sin embargo, la noche anterior me había dicho que tenía que levantarme a las cinco y estar lista para ir al casamiento con Noah a las seis. El resto de la familia pensaba salir más tarde. Mem quería que fuera temprano para que pudiera ver a Jacob antes de que llegara demasiada gente. Jacob estaba en la casa de sus suegros. Se tardaba casi una hora en llegar en carro a caballo.

Me levanté de la cama y tardé un momento en darme cuenta que no había llave de luz. *Sería tanto más fácil,* me quejé mientras palpaba la superficie de la mesita de luz buscando los fósforos para encender la lámpara de aceite. Estaba tan oscuro que ni siquiera

Fugitiva amish: el gran escape

podía ver mi propia mano cuando me la acercaba a la cara. Por fin encendí la lámpara y la luz que daba era apenas mejor que nada. No sabía cómo habíamos sobrevivido sin más que una llamita para iluminarnos. Me puse el vestido que Sarah me había dado la noche anterior. Me estaba acomodando la capa cuando Mem tocó a la puerta y entró.

—¿Todavía sabes cómo ponerte la capa? —preguntó.

—Creo que sí. Todavía no me pinché con estos alfileres así que diría que es porque todavía sé cómo hacerlo —le dije. Después, en tono más serio, agregué—: Estoy más preocupada por cómo me veo.

—Deja que te ayude con estos pliegues en la espalda. No quiero que la capa sobresalga demasiado de los hombros —ofreció.

Con manos frías, puso las puntas de la capa entre el collar del vestido y mi cuello, formando tres pliegues todo a lo largo de mi espalda.

—Si tuviéramos un espejo grande para poder ver lo que estoy haciendo —dije—. Tengo las manos traspiradas de tratar de ponerme este alfiler atrás.

—¿Qué problema hay con el espejo de mano que está ahí? —preguntó señalando la mesita de luz.

Emma Gingerich

—No puedo ver nada con eso, es muy chico y la luz en este cuarto no ayuda para nada —murmuré.

En cuanto salieron de mi boca, hubiera querido desdecir esas palabras. No me quería quejar mientras estaba aquí, especialmente ante Mem. No dijo nada de mi comentario, pero me di cuenta que no quería decir que no había nada que pudiera hacer. Las reglas dictaban que los amish no podían tener espejos grandes y tener una luz tenue en la casa era como un sol radiante para ellos. Años atrás no me molestaba usar una lámpara de aceite, pero ahora estaba acostumbrada a tener luz que iluminaba cada rincón de mi departamento, sin importar si estuviera oscuro afuera o no.

Me alegré cuando Mem cambió de tema y dijo: —Tengo que bajar de nuevo para terminar el desayuno, pero primero quiero ayudarte con el tocado para que quede perfecto.

Me senté en la cama y empecé el proceso de recogerme el cabello corto. Aunque había crecido desde el último corte, todavía estaba mucho más corto de lo que los amish estaban acostumbrados a ver. Usé una de las vinchas artesanales de Sarah para mantener todos los mechones alejados de mi cara. Logré recogerme el cabello con varias horquillas. Después me puse el tocado blanco tableado que Mem había planchado y preparado ayer.

Fugitiva amish: el gran escape

Levanté el espejo para mirarme y se me cortó la respiración: se me veía exactamente igual a lo que había sido hace mucho tiempo. Se me secó la garganta y el corazón se me salía del pecho. Era amish de nuevo y no me gustaba. La expresión de Mem me dijo que estaba encantada. Quería decirle: *No te ilusiones con que me quedaré así,* pero no quería arruinar el dulce momento de madre e hija que estábamos disfrutando. No ocurrían con mucha frecuencia y anhelaba tener una relación íntima con ella. En Texas me moría de envidia cuando las otras chicas salían en citas especiales con sus madres.

Cuando la miré a Mem, estaba sonriendo de oreja a oreja: —Sí, queda bien. Tal vez tengas que tirarlo hacia adelante de vez en cuando; parece querer irse para atrás un poco. Y espero que tu pelo se quede recogido todo el día para que no tengas que volver a arreglarlo. No quiero que los demás vean que te lo cortaste.

—Haré todo lo que pueda para mantenerme el pelo cubierto, Mem —dije, tratando de tranquilizarla para que no se preocupara por mí todo el día.

—Bueno, baja a desayunar pronto. Casi es hora de que vayas a la boda —dijo con expresión seria.

Ya me incomodaba el vestido y hacía menos de una hora que lo llevaba puesto. El collar me apretaba pero tenía que estar ajustado para que la capa se mantuviera en su lugar. Estaba contenta de haber decidido llevar corsé; por lo menos sentía algo familiar. Temía que Mem se diera cuenta mientras me ayudaba con la capa. Probablemente no sabía lo que era ya las mujeres no lo usaban aquí. Cuando había terminado de quejarme conmigo misma, bajé para comer y me encontré con que había sopa de café. Me lo tendría que haber imaginado porque era un desayuno amish clásico, hecho con leche caliente, azúcar y café, que se comía con pan o galletas saladas. Lejos de ser mi comida preferida.

Mientras desayunaba, pensaba en todo lo que podía comer en Texas, y no incluía sopa de café. Me encantaba tener un horno microondas donde podía preparar la comida en segundos o donde la comida también podía explotar en segundos. Me enteré de ese error muy pronto cuando traté de cocinar un huevo y explotó con tal fuerza que el huevo quedó hecho añicos. La comida preparada en microondas no es tan sana como las comidas caseras amish, pero estaba contenta de pasar más tiempo haciendo lo que quería y menos tiempo cocinando para un ejército. Era egoísta.

Capítulo 9:

El pasado es siempre el pasado

No vayas por donde el camino te pueda llevar, ve por donde no haya camino.

~Ralph Emerson~

La mañana de la boda de Jacob amaneció nublada y el aire frío de septiembre me helaba las mejillas mientras acompañaba a mi hermano Noah en el carro a caballo hasta la casa donde se iba a casar Jacob. Estaba amaneciendo pero las nubes grises se arrastraban, tristes, por lo bajo del cielo. El sol ni se molestaba en asomar por detrás de las nubes y las colinas ondulantes. Esperaba que no lloviera porque sería mala señal para la prometida de Jacob. Hacía tanto que no andaba en carro detrás de un caballo que había olvidado lo mal que olía. Era obvio que nadie había cepillado al caballo esa mañana porque se le salían polvo y pelos sueltos que el viento me soplaba en la cara. El caballo se tiró un pedo. Cuando era amish, los pedos de caballo eran parte de la vida cotidiana pero ahora me molestaba. No habría sido tan feo si no hubiera estado sentada directamente detrás de la cola del caballo, pero desde mi asiento era imposible evitar el hedor del animal. Aparentemente me había convertido en una chica urbana durante los últimos dos años y medio. Era mucho más satisfactorio manejar un vehículo motorizado que no apestaba a pedos de caballo.

Llegamos a la casa un poco antes de las siete. Noah me dejó en la acera que llevaba a la puerta principal. Temía abrir la puerta y enfrentar la realidad pero, como era una de las primeras en llegar, tal vez no sería tan terrible. Mi hermana Amanda había pasado la noche en la casa nupcial para ayudar con las tareas de último momento, así que no la había visto la noche anterior en la casa de mis padres. Estaba lavando los platos del desayuno cuando entré y me recibió con una sonrisa.

—¿Dónde dejo la cofia y el chal? —le pregunté.

Me contestó cariñosamente: —Llévalos arriba, al cuarto de la derecha.

Estaba contenta de tener una excusa para subir porque sabía que Sarah se estaba preparando para el día.

Guardé el chal y la cofia y fui a la próxima habitación por el pasillo. El cuarto estaba lleno de personas ansiosas y emocionadas tratando de vestirse para la boda. Me saludaron cuando entré. Jacob se estaba atando los zapatos negros

Fugitiva amish: el gran escape

brillantes y su novia procuraba desesperadamente abrocharse la capa. La tradición amish permitía que los novios se vieran el día del casamiento. Por lo general pasaban la noche de bodas en la misma casa, normalmente la de los padres de la novia.

Jacob me dio la mano después de atarse los cordones.

—Estoy contento de que hayas podido venir —me dijo en voz baja.— En realidad no esperaba que vinieras.

—Estoy feliz de estar aquí en tu día especial —le contesté, aunque parte de mí no lo quisiera. *Ahora más vale que me haga la que estoy feliz, en lugar de solo decirlo*, pensé.

Sarah, Rhoda y Anna llevaban vestidos azules con capas y delantales blancos. El azul era el color de rigor para la novia y las damas de honor. Las chicas se turnaban para ver en un pequeño espejo cómo les quedaban los vestidos. Se quejaban continuamente de su apariencia. *Uy, esta capa no queda bien; ayúdame con el alfiler de atrás; no me sale el pliegue; hace calor acá; tengo que peinarme de nuevo; ¿cómo me veo ahora? Bla, bla, blá.* Comparado con eso, mis quejas de la madrugada no habían sido nada. La cabeza me daba vueltas de solo escucharlas y ver a los muchachos con quienes alguna vez había salido lo hacía mucho más incómodo.

Emma Gingerich

Abe estaba ahí, más apuesto que nunca. Su traje azul de buen corte, pelo castaño lacio, ojos azules y sonrisa devastadora le daban un aire especial esa mañana. Sarah tenía suerte de tenerlo como novio y a lo mejor, algún día, como esposo. Le llevaba cinco años y ya tenía edad para casarse, pero se había tomado el tiempo de esperar a la mujer perfecta. No podía dejar de preguntarme si se acordaría de esa primera cita tan horrible conmigo. Me di una patada mental y pensé *por supuesto que se acuerda*. No era algo que desaparecería por más que quisiera borrarlo.

El novio de Rhoda, Enos, me era completamente desconocido. Vivía en Ohio y llevaban una relación a larga distancia. Habían comenzado a salir después de mi partida y era del todo posible que él también fuera otro primo segundo. También era buen mozo. No dijo mucho mientras estuve en el cuarto pero me miró fijamente todo el día. Probablemente le costaba imaginar una futura cuñada que viviera en el mundo libre.

Me paré contra la pared para observar todo lo que pasaba. No podía dejar de preguntarme dónde habría encajado en toda esta actividad si todavía fuera amish. Probablemente sería una *navahucka* en lugar de Sarah pero ¿quién habría sido mi acompañante? ¿Sería el mismo con el cual me habría casado? Lo miré a Norman, mi ex novio que había entrado unos

Fugitiva amish: el gran escape

minutos antes. Se reía y hablaba más que los otros y a veces veía que me miraba. Me había ido de los amish un par de meses después de romper con él. Después me preguntaba si habría hecho lo correcto; ahora se veía mejor que cuando yo salía con él. Se había convertido en un joven apuesto y encantador. *No*, pensé, *no querría que Norman fuera mi novio*. No podía imaginarme casada con él ni con ningún otro muchacho amish. Por más que lo intentara, no podía imaginarme en ningún lugar que no fuera Texas, en la universidad.

Cuando todos habían terminado de vestirse, bajaron la escalera y se metieron en un carro que estaba esperando para llevarlos a la casa del vecino donde se celebraría la ceremonia. Me quedé para ayudar a poner las mesas con interminables filas de platos de porcelana y me preparé para servir a cientos de personas. Era tradicional realizar la ceremonia en la casa del vecino más cercano para que hubiera suficiente lugar en la casa de la novia para preparar el enorme almuerzo y la cena después de la boda. La ceremonia solía empezar a las 8 y terminar a las 12.30. Era parecida a un servicio religioso amish normal, salvo que duraba una hora más. La pareja intercambiaba votos matrimoniales a las doce. En la casa de la novia, las mujeres, por lo general las tías o vecinas de la novia, preparaban un almuerzo asombroso que estaría listo para cuando terminara el servicio.

Una vez que los novios se habían ido, la mañana se puso más movidita mientras las mujeres y las chicas empezaban a llegar. Las mujeres empezaron a cocinar mientras las chicas ayudaban a poner y servir las mesas. Algunas de las chicas todavía me recordaban de cuando era amish, pero en lugar de saludarme, se alejaban con expresiones escandalizadas. Me asombré. ¿Por qué no me decían nada? Las chicas que no me conocía se sentaban al lado mío. No entendían. Pero cuando mi prima Lizzie entró a la habitación, se detuvo de repente y se quedó boqueando. Con ojos grandes, agarró a dos de las chicas más cercanas y las arrastró hasta el pasillo. Cuando volvieron, sus miradas avergonzadas confirmaron que Lizzie les había dicho quién era yo. Podía imaginar a Lizzie contándoles a sus amigas que yo era la chica que se había ido «alto» y ahora estaba destinada para el infierno. Una por una me miraron y comenzaron a hablar por lo bajo. Me quedé sentada y me hice la que no me daba cuenta, pero su reacción me dio asco. Una y otra vez me repetí a mí misma: *Vine por mi hermano, no por los hipócritas criticones.*

Por fin, a las nueve, era hora de empezar a preparar el gran festín. Bajamos adonde las mujeres casadas estaban ocupadas pelando papas. Ya que me tocaba servir las mesas con las otras chicas, tuve que empezar a poner las mesas

Fugitiva amish: el gran escape

con los mejores platos de porcelana. Estaba trabajando en la sala, poniendo mantequilla en platos pequeños, cuando vi a la tía Mary en la entrada. Mary estaba casada con el hermano de Datt, Joe. Cuando me vio, se tapó la boca, dio la vuelta y se fue corriendo a la cocina. Fui hasta la puerta y espié para ver lo que haría ahora. La vi cuchicheando con otras mujeres. *Bueh, ¡qué infantil!* —pensé. Hizo lo mismo que su hija Lizzie. Pronto sentí que mi nombre corría por la casa como un virus; no parecía que muchas de las mujeres estuvieran contentas de verme allí. A lo mejor pensaban que era un peligro para sus hijas.

Mientras estaba en la entrada mirando la reacción de las mujeres, vi a Mem parada en el fregadero de la cocina, hablando con alguien de espaldas hacia mí. No podía ver quién era. Me preguntaba cómo reaccionaría si supiera lo que estaba pasando a sus espaldas. ¿O tal vez ya lo sabía? Pensé que a lo mejor la gente le estaba haciendo pasar un mal rato a ella también porque yo era su hija. Me dio lástima. Volví a mi lugar antes de que nadie se diera cuenta y seguí llenando los platitos de mantequilla. De vez en cuando veía a una o dos mujeres asomarse a la sala como si tuvieran que ver por sí mismas que yo realmente estaba en el casamiento, siendo una mala influencia en sus hijas.

Estaba contenta de que llegara la hora de ir al sótano para cortar los pasteles, cortar el queso y batir la crema para los budines y la tapioca. En el sótano estaba un poco más escondida de las mujeres del piso de arriba. Me sentí más cómoda cuando mi hermana Amanda se paró al lado mío para pelar manzanas para la ensalada de frutas. Hablamos un rato y pronto algunas de las amigas de Amanda empezaron a entrar en confianza y hacerme preguntas mientras me rodeaban.

—¿Qué estás haciendo en Texas? —preguntó alguien.

—Solo estoy estudiando en la facultad ahora —contesté.

Me di cuenta por sus rostros atónitos que no sabían lo que era la facultad y creo que les dio miedo. Volvieron a hablar de la vida amish habitual, con lo cual no tuve problema. Por lo menos me estaban hablando de cosas con las cuales se sentían cómodas.

Para las 11.30 habíamos terminado en el sótano y todas las que iban a servir las mesas se sentaron para comer antes de que fuera hora de alimentar a los demás. Tenía hambre y estaba agotada, pero no había tiempo para masticar; había que tragar y meterse otro bocado. No podía creer lo rápido que comieron todas. Era un alivio no haber sido bautizada en la iglesia amish antes de irme porque habría tenido que sentarme en

Fugitiva amish: el gran escape

una mesa sola como parte del proceso de rechazo. Cuando alguien hace algo que no está en el *Ordnung*, que es manual básico de las reglas escritas que gobiernan casi todos los aspectos de la vida amish, los ministros de la iglesia pueden tratar de intervenir en el conflicto para resolver el problema. Sin embargo, para volver a estar en buena relación, los miembros rechazados deben demostrar sumisión aunque crean que son inocentes. Solo se vuelve permanente la excomunión cuando hay un quiebre completo con la comunidad. Después de irme de los amish, hice un intento por entender el rechazo y terminé con algo bastante sencillo: el rechazo funciona algo así como un cerco eléctrico alrededor de un pastizal con un cargador bastante fuerte. Es la medida más importante que utiliza la iglesia para que la gente se sienta culpable por sus actos.

Creo que el amor aleja todo temor y maldad. Si los amish pudieran entender el amor que Dios tiene hacia todos nosotros, podrían actuar de una manera que los acercaría a él en lugar de alejarlos. Esto eliminaría el rechazo y llevaría al arrepentimiento de la persona, en lugar de la vergüenza. Rechazar a alguien durante un tiempo no significa que se arrepentirá algún día, ya que está impulsado por el temor en lugar del amor.

Emma Gingerich

Cuando terminamos de comer era hora de ir a la ceremonia y ver el intercambio de votos matrimoniales. Nos metimos en varios carros y llegamos al servicio en diez minutos. Las cocineras se quedaron para los últimos detalles gastronómicos.

En el servicio, mi Datt ayudó a las chicas a encontrar un lugar para sentarse en la casa atiborrada. Había tanta gente que ni siquiera podía mover las piernas donde estaba sentada sin pegarle a alguien. La gente me miraba como si fuera de otro planeta. En realidad, sí era de otro planeta, pero uno mejor. Suponía que no habían visto a muchos fugitivos que volvieran y se vistieran de amish para un casamiento.

Traté de no prestarle demasiada atención a la gente que me miraba porque había muchas distracciones. El tío Moses, hermano de mi mem y obispo ordenado de Ohio, estaba parado en la entrada de la sala, predicando. Había oficiado en muchos casamientos y bautismos a lo largo de su vida, lo cual era muy obvio por su manera de predicar, más rápido y mejor que cualquiera que hubiera oído. Pero igual no entendía nada de lo que decía, así como nunca había entendido ninguno de los servicios religiosos de niña. Estaba contenta de no casarme en un lugar donde tendría que estar sentada más de cuatro horas antes de poder decir «sí, acepto» sin tener idea de lo que estaba diciendo el predicador. Para

Fugitiva amish: el gran escape

mí era como jugar a la casa, realizando las acciones sin que tuvieran ningún sentido. Ahora que estaba de vuelta con los amish por un día, estaba completamente convencida de que nunca podría ser feliz si decidiera volver para siempre. No me sentía bien. No estaba cómoda. No me sentía linda. Lo que sí sentía era impotencia.

Antes de que pudiera pensar demasiado en la iglesia amish, el obispo llamó a Jacob y Anna para que se pararan junto a él. Habían estado de novios por al menos tres años y parecían una pareja hecha en el cielo. Anna era alta, de ojos azules y cabello rubio oscuro. Su risa desbordaba de felicidad. Una vez que los novios llegaron hasta el obispo, todos nos paramos mientras se leían las Escrituras. En lugar de mirarse, los novios dirigieron la vista al obispo mientras decían «sí, quiero». Jacob inclinó la cabeza, sonrojado. Me parecía que estaba feliz, pero me costaba leerle la expresión. Anna esbozaba una sonrisa, bien erguida, con la mirada fija en el obispo. Estaba bonita con su vestido azul y capa blanca. Después de intercambiar los votos, se volvieron a sentar. Los votos se decían en un idioma distinto al alemán que se hablaba fuera de la iglesia. Supuse que eran similares a los de un casamiento inglés, pero no hubo un momento para «besar a la novia». Nunca había visto a una pareja amish besarse en público y no estaba muy segura de querer verlo.

Una vez que el obispo los hubo pronunciado marido y mujer, todo el grupo de servidores se levantó al mismo tiempo y volvió de prisa a la cocina para prepararse para la acometida de la multitud.

Sentía que era un honor servir la mesa en la misma habitación donde estaban Jacob y Anna. Tradicionalmente los novios se sentaban en un rincón llamado el *eck*. Era un lugar especial en el cual se sentaba cada pareja recién casada y donde se les servía primero. Rhoda y Enos estaban sentados del lado de Jacob, Sarah y Abe del lado de Anna. Cuando los novios se sentaron, el resto de la mesa en la sala se llenó con más de cincuenta hombres casados y solteros jóvenes. Las mujeres y las niñas se sentaban en una mesa grande en el sótano y la cocina. Hubo que llenar algunas de las mesas dos veces para que todos pudieran comer.

Cuando todos se habían sentado, inclinaron la cabeza, el obispo hizo una oración silenciosa y se largó la comida. Servir la mesa era algo tan ajeno para mí que estaba segura que se me caería algo. Llevé platos de puré de papas, salsa, aderezos, ensaladas, pollo frito y queso. De postre servimos duraznos, dos tipos de pasteles (uno blanco con nueces y otro de chocolate) y tartas de arándonos y pacanas. Los hombres

Fugitiva amish: el gran escape

deglutían los manjares como si no hubieran comido nada en una semana.

Había mucho ruido: todos hablaban y se reían, celebrando el gozo de dos personas que se casaban. Algunos de los hombres hasta quisieron hablar conmigo; no eran ni remotamente tan criticones como las mujeres. Empecé a relajarme y hablé con todos los que pude. Estaba contenta de que todavía pudiera hablar bien en alemán. Era evidencia de que todavía no había abandonado mi sangre amish del todo.

Jacob y Anna se veían radiantes mientras charlaban con la gente que los rodeaba. En ese momento me sentí feliz de haber ido a celebrar con ellos aunque tuviera que soportar el desprecio. Me hubiera gustado sacarles fotos pero, en su mente, no las necesitaban para recordar este día especial. Estaría grabado en su memoria para siempre. Miré a Jacob. Su cabello castaño oscuro tenía un corte amish perfecto. Se había empezado a dejar la barba, pero no se veía a menos que se la mirara bien de cerca. Me preguntaba si la barba le iba a crecer larga y tupida como a la mayoría de los hombres. Esperaba que no. Por primera vez me di cuenta que realmente amaba a mi hermano. Si solo se lo pudiera decir, pero sabía que le daría vergüenza.

§

En cuanto todos terminaron de comer, las mujeres apilaron montaña tras montaña de platos sucios para lavar y secar con toallas. Parecía un trabajo interminable y empecé a sentir el agotamiento causado por el estrés de estar rodeada de tanta gente. Ya estaba muy entrada la tarde cuando por fin terminamos de lavar los platos. Recién entonces pudimos tomarnos un corto descanso antes de empezar a preparar la cena.

Después de que limpiamos la sala, los hombres se juntaron para cantar himnos. Jacob y sus dos padrinos se pararon afuera y repartieron cigarros a los hombres, mientras que Anna y sus damas de honor repartían golosinas a las mujeres y los niños. Fui arriba pensando encontrar un lugar para relajarme un poco pero no tuve suerte: había tanta gente que me mareaba. De repente estaba lista para irme de este lugar ruidoso. Me di cuenta que estaba fuera de lugar. Empecé a desesperarme y pensé que ese lugar era demasiado amish para mí. Me empezó a inundar el temor de quedar atrapada y no poder salir.

Busqué a mi mem por toda la casa pero no la pude encontrar. Me sentí como una niña perdida. De pronto apareció de la nada y me preguntó cómo estaba.

Fugitiva amish: el gran escape

—Quiero irme y volver a casa —dije—. Este lugar es demasiado para mí. Ya ha sido suficiente por hoy.

—Bueno, casi es hora de que Noah vuelva a casa para hacer las tareas; a lo mejor puedes ir con él —dijo con calma.

En ese momento también apareció Datt.

—Voy a mandar a Noah a casa para hacer las tareas en un rato. ¿Van a ir algunas de las chicas también? —le preguntó a Mem.

—Sí, yo quiero ir —dije yo.

Parecía sorprendido. —¿Vas a volver para cenar?

Sacudí la cabeza. —Entonces ¿no quieres quedarte hasta la medianoche? —Podía oír la tristeza en su voz. A lo mejor estaba triste porque pensaba que de repente quedaría deslumbrada por algún muchacho y querría seguir siendo amish para poder casarme con él. Sentí que lo estaba defraudando.

—No, no me quiero quedar tanto —dije en voz baja. No quería que nadie me oyera—. Y, más que nada, no quiero ir al sótano con todos los jóvenes.

Después de cenar, todos los jóvenes en edad de cortejar solían ir al sótano para charlar y jugar. Después, a la medianoche, se formaban parejas y subían en fila para sentarse alrededor de la mesa de la sala y cantar. Era gran cosa para los casados ver quiénes se sentaban juntos.

¿Y si nadie quería acompañarme?, pensé. Decidí que no quería pasar esa vergüenza, así que insistí en querer volver a casa. Además, mis antiguas amigas no me estaban hablando y decidí que no necesitaba ser el blanco de sus tonterías.

—No la culpo —dijo Mem después de un silencio incómodo—. Pero estarás sola en casa porque Noah va a volver cuando termine con las tareas y todos nos vamos a quedar hasta la medianoche.

—No hay problema —contesté—. Estoy tan cansada que me voy a acostar temprano y pronto estaré dormida de todos modos.

Datt dijo: —Si estás segura de querer ir a casa, ve a buscar tu cofia y tu chal. Voy al establo para avisarle a Noah que vas con él.

Estaba muy aliviada de que Datt lo tomara tan bien y no intentara convencerme de que me quedara. Fue la primera visita en que Datt no discutió conmigo. El regreso a casa fue mucho más placentero que la ida al casamiento. Cuando Noah terminó las tareas, le di dos bolsas de golosinas que tenía en mi maleta. Se metió varios puñados en el bolsillo, encantado de que le hubiera traído golosinas de Texas. Después de llenarse los bolsillos, volvió al lugar de la boda.

Ahora estaba a solas en la casa de mis padres, que era exactamente lo que necesitaba. Fui al dormitorio que había sido mío antes de

Fugitiva amish: el gran escape

que me fuera de casa y me acosté en la cama. Me trajo tantos recuerdos que empecé a llorar. Me di cuenta que extrañaba a mi familia más de lo que jamás hubiera imaginado, pero mi vida era diferente ahora y no me daría por vencida. Mi corazón y mi alma anhelaban el amor y la aceptación de mis padres, pero yo no había nacido para permanecer amish y sabía que el Buen Hombre tenía planes para mí en el mundo exterior.

Por fin, después de una hora de recordar, me levanté de la cama, me saqué el molesto vestido largo y me puse mi propio piyama tan cómodo. Estaba tan lista para la cama, aunque pareciera una bolsa de piedras. Era un alivio saber que cuando me despertara me volvería a mi lugar en Texas. No me importaba que vivir independientemente fuera difícil y una gran responsabilidad. Aunque extrañaba a mi familia, sabía que no podía tener lo mejor de los dos mundos. Aunque estuviera lejos de ser perfecto, mi nuevo mundo me sentaba muy bien.

§

Llegué a Texas justo a tiempo para dar un discurso en mi clase de ciencias animales. El tema era enfermedades de cerdos, acerca de lo cual no sabía absolutamente nada, pero igual había preparado una presentación en PowerPoint. Pensaba que podría improvisar.

Emma Gingerich

¡Qué gran error! Me paré frente a la clase y se me borró todo de la mente. Por más que lo intentara, no lograba que la lengua me obedeciera. Casi me largo a llorar. Todavía estaba muy estresada y emotiva por mis días en la tierra amish; ninguno de mis compañeros sabía que acababa de volver del casamiento de mi hermano. No sabían que me había vuelto amish de nuevo por varios y días y que había regresado a mi vida inglesa con la expectativa de dar un discurso acerca de enfermedades porcinas. Vivir dos vidas era agotador. Mi profesor me salvó del fracaso total haciéndome preguntas acerca de la información que había encontrado en mi investigación. Después volví a casa y dormí trece horas corridas.

Terminé cada semestre sin repetir ningún vergonzoso parálisis cerebral. En diciembre de 2009, casi tres años después de dejar los amish, recibí el título de Técnica Agrícola de Texas State Technical College en Harlingen, Texas y, sin perder ni un semestre, pasé a Tarleton State University en Stephenville, Texas, donde hice la Licenciatura en Ciencias. Me mudé a ocho horas de mis nuevos amigos para estar completamente sola una vez más. No conocía un alma en Tarleton pero, con gratitud, mantuve la cabeza erguida y seguí abriéndome camino donde no había ninguno. Por supuesto que hubiera deseado que Mem y Datt demostraran algún

Fugitiva amish: el gran escape

interés en mi felicidad, pero sé que al Buen Hombre le importa.

Lista de respuestas a las preguntas más frecuentes

Ninguna pregunta es estúpida...

¿Todavía se te considera amish?
No, a veces me refiero a mí misma como ex amish cuando la gente me pregunta por qué hablo con acento.

¿Podría alguien que no fuera amish integrarse en una comunidad amish?
Sí, hay personas que lo han hecho. Sin embargo, no se lo recomendaría a nadie debido a las reglas que imponen los amish. Si te crías amish, por lo menos entiendes cómo son, pero es probable que una persona inglesa que tratara de ingresar desarrollara una actitud argumentativa hacia esas reglas. Alguien con la personalidad de un seguidor natural podría lograrlo. Hay que estar seguro de por qué se lo está haciendo y abandonar todas las preguntas de tipo «por qué». Preguntar por qué hay que hacer algo «de esta manera» en lugar de «esa manera» no conduce a nada.

Fugitiva amish: el gran escape

¿Para cuál género es más fácil hacerse amish, varón o mujer?
Yo diría que es más difícil para las mujeres que para los varones. Para empezar, las mujeres deben «someterse» mucho más que los varones, incluso a la autoridad del esposo. Por supuesto que también depende de la persona, pero básicamente no se puede resistir la «sumisión» a la religión y el estilo de vida amish y ser aceptado en su comunidad.

¿Qué es lo que más te gusta ahora?
Cualquier lugar de comida rápida. Me parece fantástico poder ir manejando hasta una ventanilla y buscar la comida. Aunque no sea sana.

¿Cómo era ser amish?
Se lo he dicho a mucha gente. Es algo así como cuando cae un metro de nieve: se ve muy bonito desde adentro de una casa calentita, pero si hay que meterse, ya no es tan lindo. Es diferente para cada uno. Los que están contentos de ser amish no tendrán problemas en aceptar las reglas.

¿Por qué no se practicaba *rumspringa* tu grupo amish?
No sé, pero creería que no se permite porque lleva a demasiadas tentaciones. Además, el público en general exagera el *rumspringa*. No es una práctica tan común como dicen muchos.

Emma Gingerich

¿Cómo se llaman todos tus hermanos?
Jacob, (yo), Rhoda, Samuel, Sarah, Amanda, Noah, Anna, Dennis, Mary, Esther, Lizzie, Fannie y Levi. Mi papá se llama Jonas y mi mamá Katie.

¿Qué representa la 'J' de tu segundo nombre?
Hay una tradición en todas las familias amish de ponerle una inicial a los niños como segundo nombre. La inicial es la primera letra del nombre del padre, en nuestro caso Jonas. No se permiten los segundos nombres completos en la comunidad swartzentruber. Todos mis hermanos tienen la inicial J como segundo nombre.

¿Cómo es un típico baño amish?
Por lo general se construye el baño (la letrina) detrás de la casa y, como no hay agua corriente como en un baño moderno, se lava con agua de la manguera de jardín de tanto en tanto. Algunos ni siquiera tienen manguera con que lavarla y deben usar una pala. Además, la letrina típica suele tener lugar para dos adultos y un niño al mismo tiempo. A veces, en mi familia, cuatro o cinco niñas usaban la letrina al mismo tiempo.

¿Por qué naciste en un hospital cuando no era algo común entre los amish?
Supongo que mi mamá tuvo complicaciones conmigo. Sin embargo, jamás le pregunté por qué

Fugitiva amish: el gran escape

no había nacido en casa. Nunca se hablaba del parto en nuestra casa. Nunca.

¿Es más fácil cocinar ahora que en tu casa con cocina a leña?
Sí, ¡mucho más fácil! Puedo preparar una comida completa en 30 minutos en una cocina eléctrica, comparado con varias horas en una cocina a leña.

¿Se permiten perfumes o lociones aromatizadas?
En mi comunidad no se permitían perfumes ni lociones aromatizadas. No podíamos usar nada que llamara la atención. Lo mismo se aplica a las alhajas y los anillos. Sin embargo, las chicas podían usar anillos hechos de monedas.

Cuando estabas con los amish, ¿te dabas cuenta de la fascinación que sienten los «ingleses» por los amish?
Nunca me di cuenta de la fascinación de los «ingleses» por los amish mientras vivía en la comunidad. Sin embargo, parecía que éramos un fenómeno, en muchas maneras, pero lo extraño es que no me gustaba la atención de los «ingleses» porque me daban vergüenza mi aspecto y, en especial, no poder entender y hablar bien en inglés cuando había que hacerlo. No soportaba a los que se burlaban de nosotros y eso pasaba con más frecuencia de lo que uno pensaría. Desde que me fui de los amish, me he dado cuenta de que hay mucha gente fascinada

con ese estilo de vida pero, al haberlo vivido durante dieciocho años, no lo entiendo para nada.

Acerca de la autora

Emma Gingerich dejó su comunidad amish en Eagleville, Missouri cuando tenía dieciocho años. Fue al sur de Texas, cerca de la isla South Padre, donde vivió durante casi cuatro años. Se graduó con una tecnicatura en una institución terciaria y después asistió a Tarleton State University en Stephenville, Texas para completar su licenciatura. Ahora está cursando una maestría en administración de empresas. Aunque Emma trabaja a tiempo completo como Coordinadora de Facturación en la industria de la salud, continúa con su educación universitaria y aun así ha logrado escribir sus primeras memorias. Espera escribir la continuación.

La educación es muy importante para Emma y está feliz de tener la oportunidad de estudiar en la universidad. Espera ayudar e inspirar a otras personas ex amish a capacitarse también. Sus pasiones son: escribir, hacer excursionismo, viajar, correr y ayudar a otros.

CPSIA information can be obtained
at www.ICGtesting.com
Printed in the USA
BVOW11s0016010218
506850BV00019B/306/P